全国中医药行业高等职业教育"十三五"规划教材

人 际 沟 通

（第二版）

（供中医学、针灸推拿、中医骨伤、中药学、康复治疗技术等专业用）

主 编 ◎ 位汶军 夏 曼

中国中医药出版社
·北 京·

图书在版编目（CIP）数据

人际沟通 / 位汶军，夏曼主编 — 2 版 . —北京：中国中
医药出版社，2018.6（2024.9重印）

全国中医药行业高等职业教育"十三五"规划教材

ISBN 978 - 7 - 5132 - 4798 - 6

Ⅰ . ①人… Ⅱ . ①位… ②夏… Ⅲ . ①人际关系学—
高等职业教育—教材 Ⅳ . ① C912.11

中国版本图书馆 CIP 数据核字（2018）第 044717 号

中国中医药出版社出版

北京经济技术开发区科创十三街 31 号院二区 8 号楼
邮政编码　100176
传真　010-64405721
万卷书坊印刷（天津）有限公司印刷
各地新华书店经销

开本 787×1092　1/16　印张 11.5　字数 237 千字
2018 年 6 月第 2 版　2024 年 9 月第 4 次印刷
书号　ISBN 978 - 7 - 5132 - 4798 - 6

定价　36.00 元
网址　www.cptcm.com

服 务 热 线　010-64405510
购 书 热 线　010-89535836
维 权 打 假　010-64405753

微信服务号　zgzyycbs

微商城网址　https：//kdt.im/LIdUGr
官 方 微 博　http：//e.weibo.com/cptcm
天猫旗舰店网址　https：//zgzyycbs.tmall.com

如有印装质量问题请与本社出版部联系（010-64405510）

中医药职业教育是我国现代职业教育体系的重要组成部分，肩负着培养新时代中医药行业多样化人才、传承中医药技术技能、促进中医药服务健康中国建设的重要职责。为贯彻落实《国务院关于加快发展现代职业教育的决定》（国发〔2014〕19号）、《中医药健康服务发展规划（2015—2020年）》（国办发〔2015〕32号）和《中医药发展战略规划纲要（2016—2030年）》（国发〔2016〕15号）（简称《纲要》）等文件精神，尤其是实现《纲要》中"到2030年，基本形成一支由百名国医大师、万名中医名师、百万中医师、千万职业技能人员组成的中医药人才队伍"的发展目标，提升中医药职业教育对全民健康和地方经济的贡献度，提高职业技术院校学生的实际操作能力，实现职业教育与产业需求、岗位胜任能力严密对接，突出新时代中医药职业教育的特色，国家中医药管理局教材建设工作委员会办公室（以下简称"教材办"）、中国中医药出版社在国家中医药管理局领导下，在全国中医药职业教育教学指导委员会指导下，总结"全国中医药行业高等职业教育'十二五'规划教材"建设的经验，组织完成了"全国中医药行业高等职业教育'十三五'规划教材"建设工作。

中国中医药出版社是全国中医药行业规划教材唯一出版基地，为国家中医中西医结合执业（助理）医师资格考试大纲和细则、实践技能指导用书、全国中医药专业技术资格考试大纲和细则唯一授权出版单位，与国家中医药管理局中医师资格认证中心建立了良好的战略伙伴关系。

本套教材规划过程中，教材办认真听取了全国中医药职业教育教学指导委员会相关专家的意见，结合职业教育教学一线教师的反馈意见，加强顶层设计和组织管理，是全国唯一的中医药行业高等职业教育规划教材，于2016年启动了教材建设工作。通过广泛调研、全国范围遴选主编，又先后经过主编会议、编写会议、定稿会议等环节的质量管理和控制，在千余位编者的共同努力下，历时1年多时间，完成了83种规划教材的编写工作。

本套教材由50余所开展中医药高等职业教育院校的专家及相关医院、医药企业等单位联合编写，中国中医药出版社出版，供高等职业教育院校中医学、针灸推拿、中医骨伤、中药学、康复治疗技术、护理6个专业使用。

本套教材具有以下特点：

1. 以教学指导意见为纲领，贴近新时代实际

注重体现新时代中医药高等职业教育的特点，以教育部新的教学指导意

见为纲领，注重针对性、适用性以及实用性，贴近学生、贴近岗位、贴近社会，符合中医药高等职业教育教学实际。

2. 突出质量意识、精品意识，满足中医药人才培养的需求

注重强化质量意识、精品意识，从教材内容结构设计、知识点、规范化、标准化、编写技巧、语言文字等方面加以改革，具备"精品教材"特质，满足中医药事业发展对于技术技能型、应用型中医药人才的需求。

3. 以学生为中心，以促进就业为导向

坚持以学生为中心，强调以就业为导向、以能力为本位、以岗位需求为标准的原则，按照技术技能型、应用型中医药人才的培养目标进行编写，教材内容涵盖资格考试全部内容及所有考试要求的知识点，满足学生获得"双证书"及相关工作岗位需求，有利于促进学生就业。

4. 注重数字化融合创新，力求呈现形式多样化

努力按照融合教材编写的思路和要求，创新教材呈现形式，版式设计突出结构模块化，新颖、活泼，图文并茂，并注重配套多种数字化素材，以期在全国中医药行业院校教育平台"医开讲－医教在线"数字化平台上获取多种数字化教学资源，符合职业院校学生认知规律及特点，以利于增强学生的学习兴趣。

本套教材的建设，得到国家中医药管理局领导的指导与大力支持，凝聚了全国中医药行业职业教育工作者的集体智慧，体现了全国中医药行业齐心协力、求真务实的工作作风，代表了全国中医药行业为"十三五"期间中医药事业发展和人才培养所做的共同努力，谨此向有关单位和个人致以衷心的感谢！希望本套教材的出版，能够对全国中医药行业职业教育教学的发展和中医药人才的培养产生积极的推动作用。需要说明的是，尽管所有组织者与编写者竭尽心智，精益求精，本套教材仍有一定的提升空间，敬请各教学单位、教学人员及广大学生多提宝贵意见和建议，以便今后修订和提高。

国家中医药管理局教材建设工作委员会办公室

全国中医药职业教育教学指导委员会

2018 年 1 月

人际沟通是研究人们相互之间交换信息、相互影响和作用的特点及其规律的一门学科，是学生进行语言、沟通、表达能力训练和人文素质培养的重要基础课程之一。为落实教育部中医药职业教育教学指导委员会《关于加快发展中医药现代职业教育的意见》和《中医药现代职业教育体系建设规划（2015—2020年）》精神，为了提升高等职业技术院校学生人际沟通的实际操作能力，实现高等职业教育与产业需求、岗位胜任能力严密对接，我们组建了来自全国多所医药卫生职业技术院校的教学一线骨干教师参与本教材的编写工作。

本教材是以培养中医药人员人际沟通能力为宗旨，严格遵循"教材继承性与创新性相结合的原则"，运用人文科学理论，结合中医药教学和临床工作实际，系统地阐述了人际学的基本理论和协调处理工作中人际关系的技巧，注重岗位对专业人才人文素质的要求，使本教材在编写内容上体现了突出职业教育特色，融理论、实践、案例于一体，通过大量的沟通案例和技能实训组织课程内容，突出人际沟通的课程特点，强调自主学习和实践活动，达到学练同步的效果，从而提升学生的人文综合素质水平。

本教材着重阐述人际沟通的一般概念、原理，人际沟通与人际关系的相互联系，人际沟通的具体手段，人际沟通的表现形式。从初级的倾听、表达技巧，到高级的语言技巧，直至社交、家庭和公共场合的沟通技巧，借助众多具体而细微的实例，以及"身体力行"的体会、操练，帮助学生收获沟通技巧。教材信息量大，理论体系新颖独特；案例丰富，实训模式简便易行，每章后附有思考与练习题。

本教材适合高等职业技术教育开设人际沟通基础课程的学生使用，也可作为有关专业的学生以及在职人员自学修炼的自助性教材。

本教材共分十章，由位汶军、夏曼主编统稿，卫艳萍、江琼、奚锦芝、王珊、尧幻丁、刘双四、张虹、苗晓琦、姜安娜、程起航等同志参与了教材编写。在编写过程中，根据编者多年的教学经验，结合教材使用单位的反馈意见，使其在理论上更系统，知识上更全面，便于更好地教与学，同时，参阅了大量书刊和相关论著，并吸取了其中的最新内容、新理论、新技术、新方法，恕不一一注释，在此谨向原作者致以衷心感谢！

在本书编写过程中得到了中国中医药出版社领导、编辑老师，山东中医药高等专科学校领导、同仁以及多个兄弟院校的鼎力支持，在此一并表示感谢！教材难免存在一些不足和缺点，恳请广大读者提出宝贵意见，以便再版时修订，使之日臻完善！

《人际沟通》编委会

2018 年 3 月

目 录

1

绪 论

人际沟通课程注重阐述临床工作中的人际沟通理论知识和应用策略，同时进行相应沟通能力的训练。在全科医疗中，建立良好的医患关系，不仅要求全科医生具有扎实的专业知识、熟练的专业技能，又要求在娴熟的人际沟通技巧的基础上，实施"以人为中心"的健康照顾。随着社会的不断发展，"以疾病为中心"的生物－医学模式逐渐转变为"以人的健康为中心"的生物－心理－社会医学模式，人际沟通能力也被提到了一个崭新的高度。

第一节　人际沟通课程概述

一、人际沟通课程的发展

人际沟通是医务工作者进行医学实践最基本的思维模式和技能，它的重要性不亚于医学技术知识本身。良好的人际沟通对减少和预防医疗纠纷具有重要作用，是医护人员加强自我保护的需要。因此，加强人际沟通，能从多方面、多层次提高医学实践质量，值得在医疗机构中大力提倡和推广。

（一）早期的人际沟通研究

沟通是随人类诞生而出现的，是人类赖以生存与发展的基本活动，最初的沟通是原始人赖以生存、保证个体与部落间联系的一种基本方式。原始人之间的沟通最初是借助一些简单的手势、表情及声音等非语言信号来完成的，那时的沟通远不及现在的沟通内容丰富、影响深刻、作用广泛。

随着社会的进步和发展，人与人之间的沟通越来越重要。现代社会竞争的压力、人情的淡漠，使得人与人之间更需要感情的慰藉。现代意义的沟通教育始于 20 世纪 70 年代的美国，而我国的沟通教育从 20 世纪 80 年代中叶才开始。

随着经济全球化的发展，以沟通交流能力为代表的综合素质成了医学生实习与就业的重要影响因素。为了满足社会的需求，各学校各专业纷纷将沟通能力训练纳入专业课程体系中，并将其作为一种基本素质来对学生进行要求，从而使"人际沟通"逐渐成为高职院校各专业适用的人文素质课程。

（二）人际沟通发展的时代特征

随着社会的发展和信息时代的到来，沟通在各行各业的工作中显得更为重要，人际沟通课程也显现出时代特征。

1. 个性化趋势　目前，素质教育的观念已深入人心，其宗旨在于拓宽受教育者的知识空间，提高其动手能力、创造能力，培养出高素质个性化的一代新人。个性化教育的发展，将造成未来社会成员个体差异增大，知识结构、情感变化、兴趣爱好都将出现明显差异。因此，医务工作者面对服务对象的个性化特点将越来越明显，要想达到良好沟通与交流，人际沟通课程的内容设置将更加灵活、更加个性化。

2. 电子化、网络化趋势　科技与经济的发展催生了网络化时代的到来，人们可以足不出户，通过网络找到交流对象，医务工作者也可以通过网络与患者及其亲属进行交流，这种交流不仅是语言的，也可以是图文并茂的，而且具有不受时空限制的特点。医生与服务对象可以建立长期的、方便快捷的咨询服务，这种新的交流方式给医生和患者都带来了便利，人际沟通课程的内容也将更加丰富。

3. 法制化趋势　随着法律制度日渐完善，法制观念深入人心，人们利用法律手段维护自身权益的能力也逐渐提高，这是社会进步的体现。医务工作者应顺应时代的发展，增强法律意识，学习相关法律法规，依法行事，自觉维护患者权益和自身权益。

4. 国际化趋势　国际交往日益增多，经济发展趋于全球化，这些国际形势的变化使医务工作者将有越来越多的机会面对不同肤色、不同种族、不同文化背景的患者。人际沟通课程就要求当代医务工作者不断提高交流的能力和交流的范围，紧紧跟随社会进步和发展的脚步。

二、人际沟通课程的重要性

沟通无处不在，沟通无时不有，学习和研究人际沟通的方法，建立良好的人际关系，可以在人际交往中及时交流信息、传递情感和陶冶情操，有利于身心健康。对任何希望获得成功的人来说，人际沟通都是一门十分重要的课程。

此外，医患关系是医务人员与患者在医疗过程中产生的特定的人际关系，是医疗实践中最重要、最基本的人际关系。近年来医疗纠纷日趋增多，但真正由于医疗事故而引发的纠纷仅占3%左右，绝大多数纠纷源于医患或护患沟通不够。沟通能力不是与生俱来的，是在实践中不断学习获得的习得性行为。所以通过学习，提高医务工作者的人际沟通能力有着非常重要的现实意义。对医学生，这群未来的医务工作者的医患沟通技能的培养更是不容忽视。因而，学习人际沟通课程，培养沟通能力，对于每个医生、护士、医院乃至社会，都有着重要的现实意义。

三、学习人际沟通课程的途径和方法

医务工作者良好的人际沟通能力并非与生俱来，而是靠后天的努力和坚持学习，在实践中应用、锻炼，逐渐发展和培养起来的。学习人际沟通课程，有以下途径和方法：

（一）树立献身医疗事业的崇高理想

要想成为一名优秀的医务工作者，具有良好人际沟通能力，就必须首先树立起热爱医疗事业，并为医疗事业献身的崇高理想。

有了献身医疗事业的崇高理想，才能理解医疗服务工作的价值和意义，才能懂得为什么工作和应当怎样工作，才能真正爱护并尊重自己的工作对象，把解除患者痛苦视为己任，想患者之所想，急患者之所急，痛患者之所痛，并为了实现自己的理想而主动自觉地加强良好沟通技能的培养。

（二）加强自身素质

培养人际沟通能力，应以心理学、经济学、管理学、语言学等理论为依据，理论联系实际，着重培养人际沟通素养，从思想素质、业务素质以及心理素质等方面全面综合提高自身素质。

（三）学习有关的理论知识

为了培养良好的沟通能力，必须学习有关的理论知识，只有掌握人际关系的形成和发展变化规律，才能更快更好地培养沟通技能。除了学习沟通理论外，还应当学习社会学、伦理学和医务道德修养等有关知识，从丰富的知识宝库中汲取营养、陶冶情操。在不断的语言沟通实践中，不断积累经验，丰富自己的语言沟通技巧和艺术。

（四）加强实践锻炼

培养良好的沟通技能，最关键的一环还是在实践中加强锻炼，将沟通能力训练与专业知识、社会阅历等综合素质相结合，并将其灵活运用到临床实践中，为了在实践中取得更好的效果，应注意如下两点：

首先，实践一定要自觉。这是指在实践中要有意识地培养与人交往的能力，即把实践视为培养锻炼沟通技巧的好机会和好场所。不然，终日忙忙碌碌，心中无数，即使参加实践，进步也不快。

其次，要在实践中不断进行评价。评价内容包括自我评价，与过去比，以了解自己的进步程度；与同事、同学比，学人之长，避人之短；与患者及其亲属的意见比，巩固成绩，克服不足。

四、人际沟通中的伦理要求

任何人际交往都是在一定社会条件下的交往，其实质就是一种社会关系，它不能是随心所欲，混乱无序的，必须遵循一定的伦理道德规范，受到必要的控制、约束和调节。

（一）人际沟通中的伦理问题

近年来全国各地医院发生的各类威胁医务人员生命安全的暴力事件，已在无数"白衣天使"心中留下了阴影。仅四川某医院不完全统计，自 2002 年至今，其院内包括"死亡威胁"在内的各类暴力事件已发生了 20 多起，其中已经直接伤害了医务人员的有 7 起。目前，处于高度戒备状态，需要"贴身保镖"形影不离的医务人员共有 6 位，每位都配备了 2 名保镖。当代医学中医患沟通的伦理问题日益受到关注。主要有以下几方面的原因：

1. 医学成为社会性事业。

2. 医学进步增加了新的伦理、法律问题。

3. 医疗费用增加。

4. 人们对自己健康日益关注。

5. 人们的权利意识日益增强。

6. 医生的作用和责任的变化。

（二）人际沟通的伦理原则

遵守医学伦理的五项基本原则，这是对医务人员道德标准的基本要求，更是建立良好医患关系的行为准则。

1. **有利原则**　即指治愈或缓解患者的疾病，解除或减轻患者痛苦，在身体、精神上使患者受益，经济上减轻患者的负担，便利患者。不给患者带来可以避免的疼痛、痛苦、损害、残疾或死亡，包括不应该发生的有意伤害以及无意造成的伤害，例如由于疏忽大意造成的伤害。

2. **尊重原则**　尊重患者在道德、法律上拥有的权利，尊重患者医疗中的自主权。

3. **知情同意原则**　知情同意是现代医疗实践中十分强调的一项伦理原则。知情权和选择权是患者的权利，也可以说是医患沟通的具体方式和必要程序。作为一项伦理原则，它要求医务人员详细而真实地向患者告知有关诊断结论、病情预后、治疗目的、方法，可供选择的治疗方案及其利弊和费用开支、预期疗效、不良反应及治疗风险等，让患者在不受任何指示、干涉、暗示、引诱的情况下，自由自主地选择诊疗方案。知情同意的目的在于尊重患者自主权，鼓励医患双方理性决定、协作配合、责任分担。为此，临床上建立了手术谈话签字制度、输血同意签字制度，化疗同意签字制度、病重病危通知签字制度等。

4. 公正原则　是指公平、合理、合适地对待每一个人，给予每位患者应得的和应有的东西，避免偏见和歧视。平等公正的伦理原则，还要求医患间权利义务的对等性、统一性和平衡性。医务人员要履行自己的职责，尽救死扶伤、防病治病、解除痛苦、助人健康、宣传教育、发展医学之义务，同时保障患者的生命权、身体权、健康权、医疗权、知情权、隐私权、监督权、诉讼权、求偿权等。患者也应尊重医学科学与医务人员，遵守就诊道德，配合医者治疗。医患之间保持公正，才能使双方心态平衡，关系协调，友好合作。

5. 保密原则　即尊重患者的隐私。对患者的一切信息必须保密，未得患者允许不得泄露任何隐私，但在有法律要求的情况下例外。

（三）人际沟通的伦理要求

1. 医务人员在为患者的医疗服务过程中，要真正认识自己是医患矛盾中的主要方面，谨记救死扶伤，实行社会主义的人道主义，时刻为患者着想，千方百计解除患者痛苦。

2. 医务人员要转变传统的服务思维定势，尊重和理解患者。尊重患者人格与权利，对待患者不分民族、性别、职业、地位、财产状况，都应一视同仁。廉洁奉公，自觉遵纪守法，不以医谋私。

3. 医务人员要确立既为患者生命和利益负责，又重视患者权利的观念。为患者保守秘密，实行保护性医疗，不泄露患者的隐私与秘密。

4. 医务人员要增强法制观念，做到依法行医。

5. 医院要设置监控部门或配备专、兼职人员，对全院的医疗服务进行检查监督。

第二节　人际沟通能力

一、培养人际沟通能力的重要性

沟通能力是个体采用适当的方法有效地进行人际交往的能力，医患沟通能力是临床工作能力的一个重要组成部分。在医疗活动中，医务人员与患者良好的沟通，有利于收集患者资料、确定问题、提供信息和情感支持。现代医学模式打破了以往在医学实践中以病论病的纯生物模式，提出了"以人为中心"，从整体性出发去认识、治疗疾病的模式。这就要求医生不仅要了解疾病，还要了解患者的心理、人格特征、社会因素等，与患者建立和谐、平等、相互尊重、相互依赖的医患关系。因此，医患沟通能力的培养是适应现代医学模式的需求，是高等医学教育改革的重要内容。

（一）社会活动需要沟通能力

人们在生活中每时每刻都离不开社会活动，更离不开与他人的沟通。一位哲人说过："没有交际能力的人就像陆地上的船永远到不了人生的大海。"而交际能力中的一个重要组成部分就是沟通能力。现代的世界是个沟通的世界，良好的沟通可以拓展个人关系的网络，发展人际关系中的支持系统；使交谈富有意义而且轻松愉快，使对方感受你的尊重和理解，能迅速激发他人对你的接受，让他人自愿地提供更多的协助，发展互惠互利的合作关系。可以说，良好的沟通能力是构成个人事业的基础，无论我们在做什么，或者想做什么，想要获得成功，必须学会善于与人沟通。

（二）医务工作需要沟通能力

近年来我国大多医疗纠纷是由于医患双方沟通不畅或交流质量不高造成的。医患沟通不良容易使患者对医生不信任，甚至导致医患双方产生对立情绪，而临床阶段人文课程教学特别是沟通技巧及沟通能力的培养方面始终是个空白，致使医学生在全学程，尤其在临床阶段表现出社会适应能力、沟通能力的严重不足，使得近年来医患纠纷中发生在刚毕业的医学生身上的比例逐渐加大。因此，在制定临床医学专业教学计划时，开设人际沟通课程，强化沟通技能的培训，就显得尤为重要。

对于医务工作者来说，沟通能力培养的核心是医患沟通能力，也包括工作关系的沟通能力和现代信息资源的运用能力等。

作为医务工作者，需要有良好的沟通能力，才能把工作做得顺利，做到得心应手。患者来医院就诊，不单要医治其身体上的疾病，还希望从医生这里获得对其他疾病的诊断、治疗、预后等全方面的解答，甚至部分情绪不佳的患者还有从医务人员处获得心灵慰藉的实际需求。医务工作中的实例表明，医务人员与患者及其家属沟通时，经常有不耐烦、不屑一顾等不良情绪，也为医患之间的沟通造成巨大的鸿沟，甚至有的医务人员缺乏与患者沟通的意识、技巧和能力，这样就有可能导致医患纠纷出现。

从社会发展趋势来看，除医疗技术服务以外，医院为患者提供的人文关怀也越来越为社会和民众所重视，医生不单纯要凭借其医疗技术、医疗设备和药物为患者服务，还需要凭借良好的沟通技巧和沟通能力，解除、缓解、慰藉患者精神、心理方面的疼痛。沟通的方式多种多样，可以口头沟通，特殊情况下可书面沟通；普通患者可以由主管医师沟通，身份特殊或有纠纷的患者应当由上级医师进行沟通，必要时还可以请医院医疗行政人员参加沟通。

（三）个人发展需要沟通能力

医患沟通能力是成为一名合格医生的必备条件之一，受传统单一生物学模式影响，医学教育及医学生个人，都存在着重专业知识技能，轻人文素质，重临床诊疗，轻人文关怀等现象。医学实习生刚进入临床，学生加医生的双重身份使其在实习期的人际沟通充满了复杂性，面对医疗环境中的各种人际关系，实习生通常无所适从，人际沟通能力的不足对他们自身和医院的发展均造成了一定的负面影响。世界医学教育联合会著名的《福冈宣言》指出："所有医生必须学会交流和处理人际关系的技能。缺少同情应该看作与技术不够一样，是无能力的表现。"因此，医学生作为未来的临床医生，必须掌握良好的沟通能力，提高人性化医疗服务水平，只有这样，才能成为现代医学模式所要求的合格医生。

二、人际沟通能力的养成

沟通能力是一个人生存与发展必备的能力，是决定一个人成功的必要条件和金钥匙。对于一个医学生而言，人际沟通能力的养成，核心是医患沟通能力，包括工作关系的沟通能力和现代信息资源的运用能力等。

（一）加强人文素质教育，树立"人性化服务理念"

现代医学模式呼唤人文精神的回归，提倡对疾病和患者的生理、心理、社会等致病因素的全面关注，给患者细致入微的心理支持与疏导。人文素质较低，就不能敏锐地感受到患者的心理需求，不会根据患者不同的情绪、心理反应，运用不同的语言、非语言沟通技巧使患者获得精神与心理上的慰藉。因此，医学生应加强人文学习，把医学的科学精神和人文精神融会贯通，坚持"人性化服务"理念，懂得如何做人，包括如何处理人与自然、人与社会、人与人的关系以及自身的理智、情感、意志等方面的问题，最终形成高尚的道德情操和高品位人格修养，做到能够真正理解、同情、尊重和关爱患者。

（二）树立信心，提高患者的信任感

医学生刚开始实习时普遍存在自信心不足，怕说错话、做错事。要解决上述问题，医学生首先要坚持用医生的角色去面对患者，多与患者接触，积极参与问诊，帮助患者解决问题，在解决问题的过程中提高与患者沟通的能力。平时在患者面前要不卑不亢，这样就可以消除心里障碍，树立自信，增强患者对我们的信任感。

（三）参加医患沟通系列课程学习

目前我国大多数医学院校只是在讲授"问诊技巧"时或在一些导论性课程中才涉及医患沟通的内容，讲授的内容非常有限。有的医学院虽然也开设了一些医患沟通课程，但一般只作为选修课，且授课内容简单，重点不突出，可操作性不强，对医学生实践工作的指导性不大。因此，医学生应该多参加临床教学医院举办的各种有关医患沟通的讲座和学习班，学习有关沟通技巧，并把所学应用到临床实践中。

（四）加强现场实践

医学生沟通能力的提高，不仅要学习理论，还要辅以丰富多彩的实践活动。如到导医

台、急诊科、医务科等进行现场医患沟通实践；多参加社会实践活动，如到社区开展义务咨询活动，进行健康宣教等活动。多方位、多层次地接触患者，在实践中锻炼沟通交流能力。

三、人际沟通课程与医护工作的关系

学习人际沟通课程的目的是为了协调人与人之间在社会活动中的能力和行为方式，克服个人局限性，提高工作效率。因此，学习人际沟通课程，培养沟通能力，对于每个医务工作者乃至社会，都有着重要的现实意义。开展人际沟通教育是形势发展的需要，也是医务人员观念转变的需要，既有利于医务人员的身心健康，更有利于患者疾病的康复。在医学模式转变的今天，培养医学生良好的人际交流与沟通技巧，旨在使患者得到良好的心理支持及医疗服务，提高工作效率与质量，全面提高医学生的人文素质及能力，达到双赢效果。

（一）有利于增进医患关系的和谐

据国外统计，77%的患者希望与医生每天交谈一次，86.9%的患者希望与医生沟通的内容与疾病有关。医患关系的质量对营造和谐的医疗环境起着积极作用。而医患之间沟通交流则是建立良好医患关系的关键和必然途径。因此，在临床工作中做好与患者的沟通交流，可以提高医疗服务质量，增进医生对患者的了解，充分满足患者的需求，促进其康复。

（二）有利于促进医患双方的身心健康

随着以患者为中心的整体医疗模式的深入开展，医患沟通已体现在临床工作的很多环节中。俗话说："良言一句三冬暖，恶语伤人六月寒。"正在受病痛折磨的患者更加需要医务人员的关爱。在医疗服务过程中，实施人文关怀、医患沟通，对融洽医患关系，减少医患矛盾，提高患者满意度，树立患者战胜疾病的信心，都将会起到越来越重要的作用。

医务工作者除应掌握专业知识外，还要不断学习有关的人文、社会和行为科学知识，培养健康的情绪，并注意自己的情绪流露对患者的影响，不要把不利于健康的情绪流露在患者面前，努力为患者提供有利于疾病康复和治疗的环境。

（三）有利于创造良好的工作环境

医患沟通在医疗工作中起着重要作用，我们要重视沟通的作用，不断学习和掌握这方面的方法技巧，建立有效的沟通机制，为患者提供技术含量高的综合服务，融洽医患关系，使医患关系进入良性循环，医患共同创造温馨、安静、舒适的就医环境和融洽的医疗氛围。而良好的医患关系使得医患双方在医疗过程中协调一致，相互理解，相互配合，这既能激发医务工作者的工作热情，也有利于患者的康复。

（四）有利于新型医学模式的需要

医患沟通是医务工作者进行医学实践最基本的思维模式和行医准则，它比医学技术知识本身要重要得多，是医学非常重要的部分。人际沟通可以促进医学生的全面成长，因为人才的成长与自我价值的实现除了个人主观努力以外，良好的人际沟通也是一个重要的条件，即通过社会人群间的广泛交往、相互学习，可促进医学生的成长、成才。

随着医学模式的转变、法制的健全、人们文化水平和生活水平的提高、医疗条件的改善、人们健康意识和法律意识的增强，患者对医疗服务水平的需求大大提高，患者在医疗过程中更加主动，更多地要求享有自己的权利，更加需要良好的就医环境，更加需要温馨和谐的就医秩序。医院医务工作者的工作质量反映出整个医院的工作质量，医院应努力营造一个人性化的以关心患者、尊重患者、以患者利益和需要为中心的人文环境，培养医务工作者的人文情感和伦理意识。培养医务工作者坚持从患者角度去想患者所需，重视维护患者的权利，建立医患间相互尊重的关系，营造良好的就医氛围，提高服务质量，从而有利于新型医学模式的建立。

四、人际沟通与人际关系之间的辩证关系

人际沟通与人际关系之间既有密切联系，又有一定的区别，主要区别在于：

（一）人际沟通是人际关系发展和形成的基础

人际关系是在人际沟通的过程中形成和发展起来的，任何性质、任何类型的人际关系的形成，都是人与人之间相互沟通的结果。有了良好的人际关系，才能进一步实现其他目的。医生要帮助患者消除心理障碍，实现治疗目标，首先应与患者建立并保持良好的人际关系，医生要与护士合作解决患者的健康问题，也要先与护士建立和保持良好的合作关系。

（二）人际沟通状况决定人际关系状况

人际交往与沟通一般在两个层面展开，即内容层面和关系层面。内容是指沟通中所传递的信息的实质性含义；关系是指沟通各方在沟通中所处的地位和联系方式。在沟通中如果各方所处的地位恰当，联系方式得体，那么，沟通各方的关系可以处于和谐、有效的良好状态中，内容沟通可以顺利展开。如果在沟通中各方地位不当，联系方式不得体，则人际关系将处于紧张和不和谐的状态，内容沟通将产生障碍，甚至无法进行。

（三）人际沟通与人际关系的研究重点不同

人际沟通重点研究的是人与人之间联系的形式和程序，人际关系则重点研究人与人在沟通基础上形成的心理和情感关系。

在整体医疗服务过程中，良好的人际沟通能力和人际协作能力对于完成治疗目标是十分重要的。

复习思考

1. 以下关于人际沟通概念的描述不正确的是（　　　）

　　A. 沟通是双向的、互动的过程

　　B. 沟通是信息的传递、感情的交流

　　C. 沟通的目的是达到准确理解彼此信息的含义

　　D. 沟通的意义在于积极有效

　　E. 沟通是双向理解的过程

2. 人际沟通的实现要借助于语言符号系统和非语言符号系统，下列中不属于非语言符号系统的是（　　　）

　　A. 动作　　　　　　　　　　　　B. 书信

　　C. 表情　　　　　　　　　　　　D. 音乐

　　E. 距离

3. 心理学观点认为，人际沟通（　　　）

　　A. 无规律可言　　　　　　　　　B. 只要有人就可以进行

　　C. 有时也可以借助报刊实现　　　D. 不一定有目的

　　E. 只能用语言表达来实现

4. 根据社会心理学的观点，下列关于人际沟通作用的论述中，不正确的是（　　　）

　　A. 人际沟通可以调节沟通者本人的行为

　　B. 人际沟通一定能够协调组织内部的关系

　　C. 人际沟通有利于增强团结

　　D. 人际沟通是保证个人心理健康成长所必需的

　　E. 人际沟通能满足彼此心里需要

5. 人际沟通有很多功能，其中协调作用是指（　　　）

　　A. 人际沟通可以协调人体各部分机能

　　B. 所有的人际沟通都可以协调组织内部的关系

　　C. 人际沟通可以促进个人的社会化过程

　　D. 人际沟通可以消除个体间的误会

　　E. 人际沟通可以免除法律制裁

6. 某家的父亲很有生活情趣，经常会将自己的一些感受写纸上，分散于家中各处，与妻子、儿女分享，这属于（　　　）

　　A. 单向沟通　　　　　　　　　　B. 口头沟通

　　C. 下行沟通　　　　　　　　　　D. 上行沟通

E. 书面沟通

7. 沟通的要素不包括（　　）

　　A. 信息发出者　　　　　　　　　　B. 信息接收者

　　C. 信息的好坏　　　　　　　　　　D. 信息的途径和反馈

　　E. 途径

8. 按沟通渠道有无组织系统，将人际沟通分为（　　　）

　　A. 有意沟通和无意沟通　　　　　　B. 语言沟通和非语言沟通

　　C. 正式沟通和非正式沟通　　　　　D. 单向沟通和双向沟通

　　E. 上行沟通和下行沟通

9. 按沟通的意识是否明确，将人际沟通分为（　　　）

　　A. 有意沟通和无意沟通　　　　　　B. 语言沟通和非语言沟通

　　C. 正式沟通和非正式沟通　　　　　D. 单向沟通和双向沟通

　　E. 上行沟通和下行沟通

10. 人际沟通的特征不包括（　　）

　　A. 普遍性　　　　　　　　　　　　B. 目的性

　　C. 多样性　　　　　　　　　　　　D. 制约性

　　E. 情景性

第二章

人际关系

【学习目标】

1. 掌握人际关系的概念、内容、特点与作用。

2. 熟悉人际关系的行为模式和伦理道德规范。

3. 了解影响人际关系的因素，提高人际沟通的能力，建立和谐的人际关系；了解人际认知理论与冲突理论，并学会应对策略；了解人际吸引规律的内容及应用策略。

第一节 人际关系概述

一、人际关系概念

人与人之间的关系是一个非常复杂的社会现象，从学科角度来说，不同的学科对人际关系的认知和理解是不同的。社会学认为，人际关系是指在社会关系总体中人与人之间直接交往的关系；社会心理学认为，人际关系是指人与人之间在心理方面表现出来的关系；行为科学认为，人际关系是指人与人之间构建起来的行为关系，体现出的是人们社会交往和相互联系的状况。

人际关系是指在一定的社会条件下，人们在相互认知、情感互动和社会交往行为中所形成和发展起来的人与人之间的相互关系。

飞速发展的现代社会要求人不仅要有健全的体魄和健康的心理，更要拥有健康的人际关系环境。良好的人际关系对人的影响是潜移默化的，它对人的身心有不可低估的作用。人与人之间相互尊重、团结友爱及平等合作的环境氛围不仅有利于提高人的基本素质、增强群体的凝聚力、提高整个社会的精神文明建设，而且也是提高工作效率、完成群体目

12

标、实现人生自我价值的基础。由此可知，紧张的人际关系必然导致人际冲突和关系内耗，这不仅会影响人们的正常生活、学习和工作，而且不利于人的身心健康。因此，构建良好的人际关系是我们每个人努力追求的目标。

二、人际关系的内容、特点与作用

（一）人际关系的内容

人际关系是一个非常复杂的系统，它不是人与人之间简单的静态关系，而是一个动态的人际沟通过程。人际关系包含有三个方面的内容。

1. 互动性 人际关系存在于人与人之间的现实沟通中，它是人际沟通的本质，表现在人与人之间思想和行为的互动沟通过程中。

2. 情感性 人是情感动物，是有感情和意志的，所以，人际关系是现实生活中由情感和意志所形成的一种沟通关系，即人际关系中包含有情感和意志等因素。

3. 社会性 人离不开其生活的社会。所以，人际关系也具有社会性，它是人社会交往的连接点。人际关系实际是人与人之间在社会生活中的交往关系。

（二）人际关系的特点

人际关系的特点主要体现在以下三个方面。

1. 层次性 人际关系的建立需要一个认知过程。专家指出，人际关系的发展需要经过一系列阶段或顺序，体现出一定的层次性。如果人际关系没有按照一定的阶段或顺序发展，这种关系就会给当事人造成一定的恐惧不安情绪。例如：如果一个人初次同某异性见面，就想求爱结婚，对方很显然不会做出积极反应，甚至可能会产生恐惧、厌恶等负面情绪。

2. 变动性 人际关系并不是一成不变的，它们同人类社会发展的过程有许多相通之处。一个人从出生起，要经过少年、青年、成年等阶段。在此期间，无论是人还是人际关系都不会是停滞不前的；相反，人在变，她们所处的环境也在变。此外，人际关系也是不可逆转或不可重复的，我们既不能倒转某种关系，也不能否认这种关系的存在。

3. 复杂性 人际关系是复杂的，它之所以复杂，主要是人与人关系的多面性所致。

（三）人际关系的作用

人际关系的作用主要表现为：

1. 产生合作力 人们常说人多力量大、人心齐泰山移、团结就是力量。现代化社会分工细化，竞争残酷，单凭一个人的努力很难获得事业上的较大成就，要想获得机遇，改写人生，就必须学会经营人际关系。只有借助良好的人际关系，依靠众人之力，才有可能抓牢机会，创造辉煌的人生。

2. 形成互补 一个人，即便是天才，也不可能做到样样精通。所以，要做好自己的事业，就必须善于利用他人的智力、能力和才干。但是，用人并不仅仅是一种雇佣与被雇佣的关系，要想激发下属的积极性，就必须掌握一定的人际关系技巧。每个人开创事业时，总希望有好的机遇降临到自己头上，良好的人际关系能够助人一臂之力，可以助人扫清障碍，创造难得的人生机遇。

3. 联络感情　迈向成功的道路上，要想持之以恒，仅仅依靠信念是远远不够的，还必须有友谊的滋润并助其成长。良好的人际关系会给人强大的热情和力量。成功时，大家共同庆贺分享；失败时，大家互相安慰鼓励。这必将有助于保持良好的心态，在成功时看到更为长远的机会，在失败时也会做好心理准备，耐心等待机会的来临。

4. 交流信息　成功的路上，想要抓住机会，信息无疑是至关重要的，掌握的信息越多，获得的机遇也就越多。掌握了信息也就把握了成功，把握了命运。一条珍贵的信息，足以使人功成名就。如果信息闭塞，就可能使人贻误机会，遗憾终生。良好的人际关系网是获取信息的有效途径，有了这个关系网，就可以使人在各种机会面前占有领先地位，捷足先登。

三、人际关系的行为模式和伦理道德观范

（一）人际关系的行为模式

人际关系是建立在交往双方满足需要的互动的关系，一般有以下三种：包容的需要、支配的需要和情感的需要。这三种基本的人际需要都可能转化为不同的行为动机，并使人们的行为产生不同的行为模式。人们在表现三种基本人际需要时分为主动和被动两方面，由此人际关系行为模式可以列为六种。

表2.1　人际关系的行为模式

人际需要	行为模式	
	主　动	被　动
包容的需要	积极参加社会活动，希望与他人交往	退缩、孤立，期待他人注意自己
支配的需要	通过运用权力、支配别人建立维持良好关系	期待受人支配，喜欢追随别人
情感的需要	对人热情、友善、关爱，主动对他人表示亲密	避免主动与他人交谈，消极情绪较重，但期待与他人建立亲密的人际关系

交往双方的人际交往需要相对稳定，通过观察个体的人际关系的行为模式特征，就可以了解双方的交往需求。在个体人际关系的行为模式中，两类相对应的行为模式特征虽然相反，但可以反映出同一人际交往需求。比如最近一段时间，辅导员老师发现，林新积极参加学校班级的活动，而张明却故意疏远辅导员老师，这两种行为都应该反映了这两名学生对包容的需要。不同的是可能辅导员老师一直对林新比较重视，关注得多一些，张明受

到忽视。此时，如果辅导员老师适时关注引导张明，张明有可能会转变自己的行为模式，变被动为主动，积极参加活动。

（二）伦理道德观范

人际交往是在一定社会条件下的交往，其实质是一种社会关系。所以，人际交往不能是随心所欲、杂乱无序的，它必须遵循一定的伦理道德规范，受到一定的控制、制约和调节。

人际关系最基本的伦理道德原则包含以下几个方面：

1. 尊重人格，平等待人 尊重他人人格是我们社会每个公民必须遵循的行为准则。在与交往对象进行人际交往时，必须尊重对方的人格，不管对方的职务高低、年龄大小、关系亲疏、经济富贫、容貌美丑等，都要一视同仁，平等对待。切忌以贵贱分高低，以貌取人。否则，就会有悖于人际关系最基本的伦理道德原则。

2. 诚恳谦让，文明礼貌 文明礼貌待人，会给人如沐春风的感觉。诚恳谦让地交往，能增进人与人之间的信任，促进团结友爱。在与人相处过程中，应当诚实谦让，不要妒贤嫉能；对待他人的批评，能虚心接受，诚恳感谢，宽宏大度，要善于和同事合作；心情不愉快时，不要迁怒于他人，要善于控制自己的情绪，做到既不忧形于色，也不喜形于色。与人交往相处，始终做到诚实谦让，礼貌热情，举止端庄，言谈文明。

3. 不谋私利，竭诚服务 我们作为社会中人，应当尽力做到全心全意为人民服务，忠于职守，做好本职工作。当个人利益与他人利益发生冲突时，要以他人利益为重，必要时要勇于牺牲个人利益，要有"辛苦我一个，幸福千万人"的崇高社会主义风尚。

4. 实事求是，勿弄虚作假 实事求是是我们人际关系中必须坚持的一个原则，它直接影响人际关系的效果。所以，我们在与人相处时应当一切从实际出发，做到实事求是、求真务实、善始善终、善作善成、把准方向、敢于担当，做老实人，说老实话，办老实事，实实在在为人，踏踏实实工作。切勿弄虚作假，欺上瞒下。

5. 恪守信誉，保守秘密 正常的人际关系中，我们会接触到各种各样的人，会有各种各样的事情需要我们处理。在这个过程中，就要求我们恪守信誉，遵守承诺，讲信用、重信用，信守诺言，不为利益所诱惑，为交往对象保守秘密，工作中相关的机密资料不外传、不外泄。这样，才能取得交往对象的信任，有利于同他们保持良好的人际关系，促进进一步交往。

四、影响人际关系的因素

任何人际关系都离不开认知、情感和行为三个方面的内容。其任何一种心理倾向，实际上都是人际关系中表现的态度，交际态度对人际关系有重要意义。

影响人际关系的因素主要有以下几种：

（一）美感性因素

"爱美之心人皆有之"。人的美也如自然美、艺术美一样，具有一种不可抗拒的吸引力。在日常生活中，人们也总是对外表俊美的人更饶有兴趣、品评较高、刮目相看。美的人能吸引他人，是因为美能给人心理上的愉悦感，让人感到赏心悦目。

这里所说的人之"美"含有外表美与内在美两个方面。外表美首先给人美好的第一印象，使人感到愉悦，增强人们与之交往的欲望。所以，我们必须适应人们这种天然的心理需要，注重自己的仪表，讲究风度，注重外在美。这既是尊重他人，也是自尊。外表美固然重要，但随着交往的日益加深，内在美会超过外表美给人的吸引力。一个具有忠诚无私、热情善良、开朗正直的人，尽管其貌不扬，仍然能像磁石一样吸引人并愿意与之建立友好人际关系；反之，如果一个人只有令人羡慕的外表，但内在品质冷酷无情、贪婪成性、邪恶自私等，是不能获得良好的人际关系的。

（二）熟悉性因素

人际关系由浅到深，是从初步交往和相互接触开始的，只有长时间的交往，才能有更深的了解，进而增添好感，建立友谊。因此，熟悉性对人际关系会产生很大影响。美国著名金融史学家彼得·伯恩斯坦用进化论的观点给出了解释，他认为在进化过程中，人类常以小心谨慎的方式不断去应付不熟悉的事物，通过与环境不停的相互作用，使那些给我们带来危险的不熟悉的事物慢慢为我们所适应接受，也就变得熟悉和安全了。随着交往的日益加深，人与人之间的戒心会慢慢解除，人们对该事物的正性情感就会增加。可见，增进喜欢需要有一个最佳水平的曝光频率，即熟悉性。

（三）接近性因素

接近性因素对人际交往有着十分重要的作用。人们常说：远亲不如近邻，就是对接近性因素的肯定。美国心理学家利昂·费斯廷格在1950年做了一个简单的有趣的实验，他对麻省理工学院17幢已婚学生的住宅楼进行了调查，调查对象完全是随机的，结果发现，这个居住区中，居住距离越近的人，交往的次数就越多，关系越密切，在同一楼层中，和紧隔壁的邻居交往的概率是41%，和隔一户的邻居交往的概率是22%，和隔三户交往的概率只有10%，实际距离增加不了多少，但其亲密程度则大不相同。不难发现，较小的空间距离有利于建立密切的人际关系，时空的接近性是影响人际吸引的重要因素，但随着时间的推移，它所发挥的作用会慢慢变小。

首先，距离的邻近为人际交往创造了频繁接触相互熟悉的环境，而熟悉是建立友好关系的前提条件之一。越是邻近的人，交往的机会就越多，机会越多越熟悉，越熟悉就越了解。这就是所谓"日久生情"的道理。其次，距离邻近影响着相互之间的利害关系，大家都比较重视搞好邻近关系。中国有句俗话："远亲不如近邻，近邻不如对门。"如果你与周围的人相处得比较融洽，在遇到困难时，大家热情相助，就会使困难得到较快地解决；如果你与周围的人关系紧张，在遇到困难时，大家不仅不帮助，还会幸灾乐祸，这时候你就会品尝到世态炎凉的滋味了。所以，在和周围人交往中，经常关心和帮助他人，这样不但对他人有好处，对自己也将十分有益。

（四）相似性吸引

相似性在人际吸引力的大小上发挥着重要作用。常常有这种情况，有的人初次见面，就能和人聊得火热，并能很快交上朋友，这就是所谓的"一见如故"。有人认为这是缘分，实际是因为彼此之间有许多相似性因素，从而产生较强的吸引力，所以才有一见如故之感。具体而言，这些相似性因素表现在态度、志趣、信念、理想、目标等方面的"志同道合"；在教育水平、经济收入、职业身份、社会地位等方面的"门当户对"；这是由经历和地位等方面的相似性而产生的相互吸引和"同病相怜"。这种相似性吸引的心理归因有：一是态度等方面相似的人往往具有共同的心理特征，二是每个人都有间接的自我肯定和自我欣赏倾向，喜欢与自己相似的人交往。因此，善于寻找和创造相似性因素的人，一定有良好的人际关系。

（五）互补性吸引

人际交往过程中，人与人之间不仅追求文化历史背景、个性特征、处事态度、价值体系的相似性，而且还追求需要的互补性。和人格相似的人交往，能满足自己的需要，补充自己人格方面的不足或缺陷。当双方的需要对彼此的期望正好形成互补关系时，就会产生强烈的吸引力，进而构建密切的人际关系。

相似性和互补性事实上是相互联系、相互作用的。大多时候，人们会追求相似基础上的互补。人的性格、志趣等既有独特性，又有共同性。人为了和谐相处，实现自我人格的不断完善，在与人相处的过程中总是把相似性和互补性结合起来考虑，不仅要求对方在人格、心理和物质等方面同自己相似，而且还要求双方需要的满足能产生互补性。有不少性格迥异的人，因为能求大同存小异，彼此尊重对方的人格，互相适应、互相支持、互相补充，也能建立良好的人际关系。

（六）报偿性因素

在人际交往中，双方或一方有要达到一定目的、满足一定需要的想法，并由此进行交往，这样的吸引就是报偿性吸引。报偿是一种自觉或不自觉的人际交往的社会动机。高速发展的现代社会，人们的效益观念日益增强，交往能否互惠互利，能否从中得到益处，这种报偿性的社会交往动机，会更明显地支配着社交的频率和深度。人在交往中能在物质上或精神上获得某种报偿，交往活动就能产生吸引力，报偿越多，交往的吸引力就越大。

君子之交淡如水。真正的友谊靠的是坦诚相见、意趣相投、平淡如水、不尚虚华，而不是甜言蜜语或重金送礼。君子之交是"神交"，双方以精神上的相互吸引为乐趣，能经得起时间考验和外界环境的考验。这样的友谊才算得上纯真，才可以天长地久。君子之交追求的是精神报偿，小人之交追求的是物质报偿。

（七）能力性因素

英国作家毛姆说过："友情有两种类型。第一种类型是一种动物性本能的友情，第二种类型的友情是理性的，即被对方的才识所吸引，对方具有自己陌生的思想，能预先看见未知的人生，有丰富的经验……"凡是聪明能干、知识丰富而又热情的人一般都能引起人们的喜爱、尊重、钦佩和敬慕，在人际交往中具有吸引力。因为与这样的人交往，可以充实自己的精神、知识和生活。人们之所以崇尚名人，就是被名人较强能力所吸引的缘故。所以，人际交往中，要想对他人产生吸引力，提高自身能力不失为一种行之有效的方法。

日常生活中，还会有人在道德品质方面有严重缺憾，其他方面却有很突出的才华，很有吸引力，和这类人交往就需要扬长避短，勿忘"亲其身而近其道"。如果能用健康的思想影响他固然好，但如果做不到，最好保持"独善其身"。

（八）个人特征

个人特征主要包括一个人的外貌、性格、能力和品质等。

首先说一个人的外貌。一个人的外貌在人际交往中有很强的辐射作用，有光环效应的存在，人们常常会在潜意识中认为外表好的人也会有其他优秀的品质，长相漂亮的人在人际交往中就会有较强的吸引力，给人留下较好的第一印象。当然，随着时间的推移，这种光环效应会渐渐变小。

其次是性格和能力。性格和能力不仅关系到个体的心理发展，还影响其人际关系的建立。实践证明，个人的良好性格和较强能力，是其人际交往中引人注意、令人欣赏的重要因素，而由此建立的良好人际关系，又是个体事业成功的首要因素。

总之，以上人际关系的各因素是互相联系、相互作用的。其中，外貌和环境等外在吸引力是有限的。要想保持长久的密切交往，还要靠强烈的内在吸引力，高尚品质和丰富才识是人际关系最重要的基石。

第二节　人际关系理论

在探索人际关系发展规律的过程中，很多社会学家、哲学家、心理学家等都提出了自己的人际关系理论。

一、人际认知理论与冲突理论

在人际交往过程中，我们对自己的交往对象要有充分的认识和理解，准确判断和推测交往对象的心理活动和心理状态，才有可能和他们建立和发展良好的人际关系。所以，提高人际认知能力对我们发展人际关系非常重要。

（一）人际认知理论

1. 人际认知　认知是指人的认识活动，人际认知是指个体推测与判断他人的心理状态、动机或意向的过程。人与人之间正是通过相互认知而实现情感互动的。人际认知包含有对他人的仪态表情、心理状态、思想性格和人际关系等方面的认知。

2. 认知效应　心理学把人际认知方面具有一定规律性的互相作用称为人际认知效应。在人际沟通过程中，一个人给别人留下的最初印象（或第一印象），往往会影响别人对他的总体认知。有时人们常常会因为某人最近表现不好，而忽略其过去的表现等。我们掌握了这些认知效应的规律，就有助于我们在人际交往中更合理、更科学地相互认知，减少认知偏差，更为妥善地处理人际关系。

（1）首因效应：在与陌生人交往时，对象关注的常常是他最先接收到的信息，形成最初印象，并构成一种记忆图式。这种记忆图式会对后来接触到的信息进行筛选，即刚接触到的信息中与原来印象相符合的信息，会被整合到这个记忆图式中去，另一些信息常常被不自觉地忽视掉。所以，最先进入认知者大脑的信息，对形成认知印象会产生最大影响。这种现象被心理学上称之为"首因现象"。

（2）第一印象：在人际交往场合，和陌生的交往对象第一次接触时所形成的总体印象称为第一印象。形成第一印象的主要因素有性别、年龄、身材、发型、容貌、服饰、表情、态度等外在内容。认知者从被认知者那里接收到了以上信息之后，通过联想、想象和推理等心理活动，并对这些信息进行主观上的综合加工，形成了对被认知者的总体印象，这就是第一印象，也叫"初次印象"。

第一印象和首因效应是两个不同的概念。首因效应强调的是初次交往时双方最初出现的某个认知因素对认知者所产生的感受，而第一印象则是指交往双方初次见面后经过多方面观察感知而对对方产生的综合性印象。人际交往中，首因效应先于第一印象影响人际认知，是形成第一印象的重要因素。首因效应是单个因素形成的，第一印象是由多个因素综合形成。第一印象一旦形成就有较为牢固的持久性和稳定性，有先入为主的作用。因此，在人际交往中，第一印象有非常重要的意义。

（3）近因效应：人际认知中，因最近或最后获得的信息而对总体印象产生了最大的影响效应，这就是近因效应。因为在人际交往中，人们常常会有喜新厌旧的心理，人际交往时新的信息容易引起人们的重视，旧信息容易被人忽视。近因效应多产生于熟人之间，由近因效应形成的人际认知，甚至会成为压倒一切的认知因素，左右着人们对一个人的总体评价。

（4）成见：又叫"定型"或"刻板印象"，是指人们对某类人或事物已经形成的固定看法和印象。它含有这类人或事物的一些固有的或一般的特征，人们只要一见到这类人或事物，就会以为他们必然会具备这些特征，这就是所谓的成见。

（5）先礼效应：在人际交往中，要想向交往对象提出批评意见或某种要求时，必须先用礼貌的语言或行为开始，以便对方容易接受，从而达到交际目的。先礼是一种与对方建立人际认知的过程，可以体现出善意和诚意，对方有这种认知之后就比较容易接受意见或要求。

（6）免疫效应：当一个人已经相信或接受某种观点时，就会对与之相反的观点产生一定的抵抗力，有一定的免疫力，这就是所谓的免疫效应。

人际交往中参与交往的对象是具有主观能动性的人，对自己的言行都有控制能力。所以，以上各种人际认知效应，都具有规律性，但又有各自的独特性。

3. 人际认知效应的应用策略　人际交往中，掌握人际沟通的规律，合理运用人际认知规律效应，有助于建立和发展良性人际关系。

（1）避免以貌取人：人际交往中的首因效应和第一印象虽然重要，但不一定十分准确，需要经过长期观察，深入交往，才能及时修补因为首因效应和第一印象而产生的人际认知偏差。

（2）注重一贯表现：要客观准确评价一个人必须重视其较为稳定的长期表现。因为人在特定情况下，由于某种原因和动机，可能会有与日常大相径庭的行为和态度出现，我们不能因此而对一个人轻易下结论，造成不应有的认知偏差。

（3）重视人的个性差异：要避免因"成见"出现的以偏概全的认知偏差。尽管人都有自己的固有特征，但人的个性差异是客观存在的，如果忽视这种差异，就会造成认知偏差，给人际交往带来麻烦。

（4）重视动态发展中全面观察认识人：既要重视人的过去表现，又要看到他当下的表现；既要重视他的一贯表现，又要关注他的近期变化；既要看到他的优点，也要看到他的不足。

（二）人际冲突理论

人与人之间总是会发生各种各样的矛盾冲突，这就是所谓的人际冲突。按照冲突的来源，人际冲突大致可以分为以下几种类型。

1. 观念冲突　观念冲突主要是指价值观、政治理想、社会理想方面的冲突，具有不同价值观、政治理想和社会理想的人们之间往往不可避免地存在冲突，这种冲突叫观念冲突。观念冲突有两种解决途径：一是观念的转型或者消灭；一是主义之间、党派之间的调和。

2. 利益冲突　人际交往中，人们会因为政治利益、经济利益甚至日常生活中的细微利益发生冲突。人际交往中，小的冲突如岗位竞争、争强好胜、争宠吃醋、排队抢先等；大的冲突表现为阶级利益、集团利益，如贫富分化的对立、既得利益集团与改革派的冲突等。

3. 理论冲突　不同的人，对同一事物会有不同的理论见解，各执己见易造成冲突，这就是所谓的理论冲突。

4. 学识冲突 学识冲突就是不同的学问层次、类别之间的冲突。所谓"文人相轻"！学问高深者鄙夷学识浅薄的人；学问浅薄者嫉妒知识层次高的人，如此等等都属于学识冲突。

5. 方法冲突 是指决策中、执行中、追求中为相同相近的目标持不同的方法论者之间的冲突。多发生在同事、亲友、合伙人之间，也有发生在上下级之间的。

6. 习俗冲突 不同的个人习惯、民族习惯、地域习俗之间的冲突。

7. 个性冲突 指人与人不同性格之间的冲突，张扬与内敛、开朗与内向、活泼与沉寂等的不同性格、气质、心理之间的冲突，都属个性冲突。个性相容，工作互补，这是与人合作共事的基本原则，要想成就一番事业，就要有容人的雅量。

8. 情绪冲突 人在某种情绪状态下会莫名其妙地发牢骚、泄私愤、无端指责别人等，都属于情绪冲突。

二、马克思的社会交往理论与马斯洛的交往需要论

（一）马克思的社会交往理论

人类的生存和发展离不开社会交往活动，交往是人类特有的社会行为，随着人类的出现而发展。当今社会科学技术的飞速发展，全球一体化的日新月异，人们之间的交往日益密切。社会交往是促使人类社会进步的源动力，马克思的社会交往理论是马克思社会哲学思想的一个重要组成部分。马克思的社会交往理论，是指在一定的社会实践活动中，个人或社会团体等各种客观存在的共同体之间，在物质与精神上相互影响、相互制约、相互促进、共同发展的活动，以及相互关系的统一。它涵盖了所有社会关系，是从生产实践中来探索人的交往问题。

马克思的社会交往理论既包括社会中个体的交往，个体与群体、个体与社会的交往，也包括民族与民族、国家与国家之间的交往。社会交往与生活实践互为前提，生活实践决定社会交往的形式。社会交往可以使生产力得到保存，社会交往对个体发展与社会发展具有重要意义。社会交往是个体全面发展的基础，是个体建立良好人际关系的前提。马克思的社会交往理论可以帮助我们树立正确的社会交往理念，推进社会交往实践方法的改进，促使人们积极主动地开展社会交往实践活动，努力实现人类的全面发展，为构建和谐社会做出卓越的贡献。

（二）马斯洛的交往需要论

马斯洛理论曾经把人类的需要分为5个层次，分别为生理的需要、安全的需要、交往的需要（即爱和归属的需要）、尊重的需要和自我实现的需要，依次由较低层次到较高层次排列。马斯洛认为，满足低层次需要是实现高层次需要的基础。一般来讲，当低层次需要获得满足后，高层次需要才能出现。低层次的需要没有得到满足，就很难产生高一层次

的需要。

　　稍后，马斯洛又增添了人类需要的 2 个层次，认知的需要和审美的需要。至此，马斯洛从总体上把人类的需要分为两类。一是基本需要，生理的需要、安全的需要、交往的需要、尊重的需要。二是成长性需要或心理需要，这类需要包括认知的需要、审美的需要和自我实现的需要。

　　在生理和安全的需要得到基本满足的后，人们就开始追求与他人建立友情，建立良好的人际关系，渴望得到家庭的温暖，希望得到所在团队和组织的关注，社会的认可。如果这种需要得到满足，人们就会产生强烈的归属感，否则便会引起孤独等负面感觉，于是就有了人与人之间社会交往的需要。

　　马斯洛的交往需要论指出了人们在每一个成长阶段，都有一种需要占主导地位，而其他需要处于从属地位。个体需要结构的演变进程是不间断的，是呈波浪线型发展的。较低层次的需要主导作用过去后，较高一层的需要才能显示其优势作用。但是，较低层次的需要并不消失，只是不再占据优势而已。马斯洛的交往需要，属于较高层次的需要，如对亲情、友情、爱情及归属关系的需要等。

三、米德的象征性符号互动理论

　　米德的象征性符号互动理论主要涵盖了两个要素，一是运用符号的象征性定义个体的行为意义。二是运用符号的象征性解读他人的行为意义。在人与人交往的初期过程中，个体给人的第一印象是仪容仪表，然后才是语言行为的应变反应。米德的象征性符号互动理论就是将个体的行为反应给他人，让他人了解个体行为隐含的意义。人与人在交往沟通的同时，一定要注意聆听对方表达的含义，注意观察对方的非语言行为，如手势、面部表情等，理解对方表达的隐含意义。

　　米德的象征性符号互动理论重点研究个体和他人的关系，重视个体的主观因素，认为人既是主体又是客体，强调个体的自我概念是个体和他人交流中互动的产物，注重个体之间的互动过程的研究。

　　米德对语言符号的阐述揭示了在社会交往情景中，正是由于有了共享意义的符号，人类的交往互动才能得以顺利进行。在建立良好人际关系的过程中，我们要学会使用符号互动理论，熟悉运用它的技巧，实现人与人之间的有效沟通。当然有效的人际沟通也和个体的沟通能力有关。掌握语言、非语言、倾听等多种象征性符号的意义和运用技巧，更容易与他人建立和谐的人际关系。

四、主体－环境相互作用论

　　皮亚杰认为儿童个体已经形成的心理结构会对其心理发展产生能动的调节作用，即遗传和环境因素对心理发展的影响通过个体内部心理结构的桥梁作用才能实现。他认为先天的遗传因素是后天心理发展的基础，后天环境对心理起到影响作用。

交往双方在建立人际关系时，人是主体。主体成熟只是认知发展的必要条件，而不是充分条件，通过个体与外部环境的适应促进，主体通过反复练习，可以获得一定的交往经验，同时主体也会影响社交环境的改变。人们生活在自然环境和社会环境中，受环境的影响会产生各种心理变化。同时人们所产生的众多心理变化也会作用于后天人际交往的环境，影响交往双方人际关系的建立。

五、控制程度与人际吸引的规律

（一）控制程度

人际关系复杂多变，仔细研究还是可以遵循一定规律的。把握好这些规律，可以帮助我们提高预测、制约和改变人际关系的能力。人际关系依据发展进程和交往双方的控制程度会发生亲疏远近的逐级变化。交往双方在建立人际关系的过程中，从最初的选择进程，到试探接触进程，到情感强化进程，到最后的包容理解进程，随着交往双方信任程度和接纳程度的提高，人们对人际关系的控制程度也会有所改变。

1. **互补性**　是指交往双方一人处于支配地位，另一人处于被支配地位。

2. **对称性**　指参与者平均分享控制权，双方差异不大，控制权在谁并不明确，双方对控制或顺从以竞争为特征。

3. **平行性**　介于互补性和对称性之间，具有灵动性，不易出现不良的相互作用。双方彼此的控制地位可根据具体情况确定，双方不会争夺控制权。

（二）人际吸引的规律

人际吸引是指人与人之间在感情方面相互接纳、喜欢和亲和的现象。人际吸引是以情感为主导的以相互之间的肯定性评价为前提。喜欢、尊重和友谊等都是在肯定性评价基础上发展来的。

1. **人际吸引的规律**　依据心理学家在人际吸引方面的研究，人际吸引的条件和规律有以下几种：

（1）邻近与熟悉：邻近指地域或空间上的接近，熟悉指相互了解的程度。居住或空间距离较近等都是形成人际吸引的条件，因为空间距离近联系方便，相互接触的机会多，便于了解和熟悉。

（2）相似：人们彼此间某些相似的特征是导致相互吸引和喜欢的重要原因。人际沟通中，交往对象之间各种情况的相似都能不同程度地引起人们之间的相互吸引。如：共同的籍贯、出生地、居住地，共同的国籍、民族、语言文化、宗教背景等都可以成为相互吸引的条件和原因。

（3）互补：交往双方的需要和满足途径正好能补充对方的缺憾时，彼此之间的吸引和喜欢程度机会增多。双方的个性倾向和行为特征正好弥补了对方的不足，构成互补关系。

（4）喜欢回馈：获得他人褒奖是一般人都具有的社会动机，这种褒奖常常以喜欢的方式表现出来，成为人际吸引的因素之一。心理学研究发现，"喜欢"具有"往返回馈"的特征，别人的喜欢，能对我们构成"酬赏"。

（5）能力：一个人的能力越大，就越容易被人喜欢。一个聪明能干富有才华的人，常常比庸碌平淡的人更讨人喜欢，更具有吸引力。这是因为人们都有追求自我完善、崇尚能力、探求补偿的欲望。与能力较强的人交往，能得到某些帮助和补偿，获得精神上的激励。所以，能力吸引是人际吸引的重要因素。

（6）个性品质：具有优良个性品质的人，会让人产生敬仰、亲切赞赏等感情，对人有较强的吸引力。良好的性格和较强能力是引人注意的重要条件。性格好比能力强更具持久、稳定的人际吸引力。

（7）外表：端庄美丽的容貌、大方高雅的仪态，会有较强的人际吸引力。随着交往的日益加深，个性品质会超越外表这一外在因素，显得更为重要。

2. 人际吸引规律的应用策略

（1）缩短与对方的距离，增加交往概率。

（2）培养良好的个性品质。

（3）锻炼才能，克服交往心理障碍。

（4）注重自身形象，给人美感。

复习思考

1. 关于人际关系的描述错误的是（　　　　）

　A. 人际关系是人与人之间通过相互认知、情感互动和相互交往中形成和发展起来的

　B. 人际关系具有社会性

　C. 人际关系反映了个体满足社会需要的生理状态

　D. 人与人在相互交往的作用下所形成的直接的心理关系

　E. 人际关系属于社会心理学范畴

2. 不属于人际关系特征的是（　　　　）

　A. 复杂性　　　　　　　　　　　B. 渐进性

　C. 目的性　　　　　　　　　　　D. 多变性

　E. 稳定性

3. 一名已婚并有孩子的护士，其在人际关系中的特征属于（　　　　）

A. 社会性   B. 渐进性

C. 复杂性   D. 多重性

E. 目的性

4. 下列关系属于护患关系的理解不正确的是（   ）

  A. 护患关系是一种帮助与被帮助的关系   B. 护患关系是一种治疗关系

  C. 护患关系是以护士为中心的关系   D. 护患关系是专业性互动关系

  E. 护患关系在护理活动中形成

5. 以下哪种不属于人际关系行为模式的交际关系类型（   ）

  A. 主动包容型   B. 主动参与型

  C. 主动支配型   D. 被动感情型

  E. 被动包容型

6. 以下哪项不属于影响人际关系的因素（   ）

  A. 仪容服饰   B. 交往频率

  C. 身高体重   D. 个性品质

  E. 双方互补

7. 以下哪项不属于首因效应（   ）

  A. 恶人先告状   B. 招聘现场的自我介绍

  C. 同学聚会   D. 一见钟情

  E. 新官上任三把火

8. 在护患关系建立初期，其发展的主要任务是（   ）

  A. 确定患者的健康问题   B. 对患者收集资料

  C. 为患者制定护理计划   D. 为患者解决健康问题

  E. 与患者建立信任关系

9. 下列哪项不属于晕轮效应（   ）

  A. 你敬我一尺，我敬你一丈   B. 一好百好，一差百差

  C. 情人眼里出西施   D. 以偏概全

  E. 明星丑闻

10. 下列哪项有关人际关系与人际沟通的辩证关系描述的不正确的是（   ）

  A. 人际沟通是人际关系形成的前提

  B. 人际沟通是人际关系发展的根本途径

  C. 人际关系的建立需要人际沟通

  D. 人际关系是人际沟通得以延续的载体

  E. 人际关系是人与人之间信息交流和传递的交流活动与过程

第 三 章

人际沟通与医护人员沟通

【学习目标】

1. 掌握人际沟通的概念、人际沟通的模式及特点。
2. 熟悉影响人际沟通的因素。
3. 了解人际沟通在医护工作中的作用。

第一节 人际沟通概论

人际沟通是人类生存和发展的一种需要，是人际交往的一种基本形式和手段，也是为人处世的一门艺术。在我们的生活中，许多冲突与误会通常是源于缺乏人际间相互沟通。有研究显示，缺乏与他人的接触沟通使得生病或死亡的机会加倍。只有良好的人际沟通，才能获得必要的信息；只有良好的人际沟通，才能获得他人的鼎力相助。良好的人际沟通不仅是个人事业成功的重要因素，也是个人身心健康的重要保证。

随着时代发展，医务工作内容不断丰富，范围不断扩大，服务对象对医务人员的要求越来越高，医务人员素质也在不断提高。广博的文化知识、精湛的医护技术、灵活的沟通技巧，已成为现代医务工作者必备的素质条件。

一、人际沟通的含义与过程

（一）人际沟通的含义

所谓人际沟通，是指人与人之间进行信息传递和情感交流的过程，是人际间的互动过程。人际沟通，从广义上讲：是指人与信息的相互作用，人与机器之间的信息交流，人与自然界的信息交流等。从狭义上讲：在社会生活中的人际沟通，是信息的发送者与信息接收者之间信息相互作用的过程。在这过程中，沟通的双方彼此不仅仅是单纯的信息交流，而且彼此间还传达各种思想、情感、观念、态度和意见，从而建立一定的人际关系。因此，人际沟通，总是沟通者为达到某种目的、满足某种需要而展开的，良好的人际沟通能促进人们之间的相互了解，协调人们的社会生活，使人们的行为能够更好地适应社会环境，从而使社会生活维持动态的平衡。

（二）人际沟通的过程

人际沟通的过程非常复杂，它不仅传递信息的内容，还包括人们的各种观念、情感、思想、态度和意见的交流，也包括判断信息的意义。在人际沟通过程中，人既是信息的发起者，也是信息的反应者。而且这种反应不是纯粹的机械性或物理性反应，还有思想、情感等成分参与。同时，信息在传递、交流过程中是由语言性沟通和非语言性沟通等多种形式和渠道共同完成的。

人际沟通的过程是一个复杂的过程，包括信息策划、信息编码、信息传输、信息解码、信息反馈和沟通干扰等环节。简要介绍如下：

1. 信息策划　信息策划就是大脑对信息进行收集、整理、分析的过程。信息策划过程反映着信息发出者逻辑思维能力的强弱。如有些人在会议发言后感到"我都不知道自己讲了些什么"，这是由于逻辑思维能力不强所致。

信息策划，首先要确定信息范围，在多大范围内、对什么内容的信息进行搜集；其次要收集信息，除了收集综合性、整体性的信息外，要注意收集琐碎的、细节的信息，以便分析研究；第三要评估信息，去伪存真，剔出影响因素；第四要进行整理与分析，把真实的、有效的、合理的信息整理、归纳，获得高质量的信息。

2. 信息编码　信息编码就是将信息以某种方式表达出来，常用的方式有：口头语言、书面语言、身体语言（面部表情、手势、声调等）和动作语言等；一般来讲，非语言沟通补充和支持了语言沟通，但有时，非语言沟通也可以弱化或抵消语言沟通，如某人有言行不一致的行为，势必弱化或否定语言效果。口头或书面语言未编码时，发出者语言表达能力较弱，语意模糊不清、词不达意或有意掩盖信息等，都会降低有效沟通的效果。

3. 信息传输　信息传输是指通过一定的途径将信息从一个人传递到另一个人。传送信息可以是一次演讲、一次讨论、一次查房等，不同的信息要用不同的渠道传递。评价学生成绩，常用书面形式传递；若遇"房屋着火"，书面形式传递显然不恰当。

在信息的传输过程中，常可遇到信息损耗和传递障碍。如在文献的传承过程中，会因印刷、文字、数据、磨损等出现遗漏或错误；如沟通渠道选择不当或沟通手段过于简单，会导致信息传递失真甚至中断等。

4. 信息解码　信息解码是指将收到的信息通过理解用自己的思维方式去表达这一信息。只有当接收者对信息的理解与发出者的信息全文相同或相近时，才能实现有效的沟通。不同个人、不同组织的解码方式会有不同的沟通效果。

5. **信息反馈**　信息反馈是指接收者在获得信息后根据理解、感受和判断，提出自己的看法和建议的过程。反馈是沟通的核心。

6. **沟通干扰**　在沟通过程中，总会遇到一些干扰因素。这些干扰因素，有些是故意的有些是非故意的。如沟通者语言表达能力较差、方言过重或者不自觉地频繁出现干扰对方的眼神、姿势等，这些属于非故意干扰；有些时候，沟通一方为达到某一目的，故意把某些内容说的含糊不清，或用肢体语言分散对方注意力等，这些属于故意干扰。

外界环境的干扰也不可忽视。如沟通现场的噪声、湿度、温度、光线等，对沟通者都会有不同程度的干扰。

二、人际沟通的模式与层次

（一）人际沟通的模式

沟通模式是一种理论性的、简化的对沟通性质和过程的表述，它是对现实的一种同构。沟通理论的研究始于 20 世纪初，兴起于 20 世纪 20—40 年代，而真正运用科学方法提出沟通理论模式是在第二次世界大战以后。

人际沟通是一个相互反馈、互动的过程，沟通的双方不仅是发送者将信息通过各种渠道传递给对方，同时，还要将其理解的信息相互反馈给对方。因此，人际沟通的模式是一个相互循环的过程，它包括几个要素：①两人（含）以上相互之间；②经由沟通的过程；③交换资讯、观点、意见、情感等；④籍以回馈以获得共同了解、信任、激励与行动协调一致。同时还包括了沟通双方相互反应及互馈的活动，沟通过程中的所有构成要素也均在其循环过程中体现。

（二）人际沟通的层次

鲍威尔（Powel）根据人际交往中双方信任的程度、信息沟通过程中的参与程度以及个人希望与别人分享感觉的程度不同，提出将人际沟通分为五个层次，随着相互信任程度的增加，层次逐渐升高。

1. **一般性沟通**　是指一般的、社交应酬的开始语，属于沟通中的最低层次。如"你好""今天感觉怎么样？""吃过饭了吗"以及用非语言的动作来沟通，如以微笑、点头等肢体语言给予对方问候示意等。这类比较浅层的沟通，能使对方很快打开尴尬的局面并建立友好关系。但对已有一定良好关系的双方来说，应注意不宜千篇一律地问候，而应根据具体情况适时进入深一层次的沟通交流。

2. **陈述性沟通**　也是一般的事务性沟通，只报告客观的事实，没有参与个人意见，或牵涉人与人之间的关系。在这一层次交流时，主要是鼓励对方尽可能地叙述和表达，其间，尽量不要用语言或非语言行为影响对方。

3. **分享性沟通**　是指沟通双方已经建立了一定的信任，可以彼此谈论看法、交流意见的沟通。如在医患、护患沟通中，医务工作者和患者之间就可相互交流各自对某一症状、问题或治疗护理的意见，作为帮助者的医务人员应多用关心、同情、信任性的语言或非语言动作来鼓励患者说出自己的看法和建议。

4. 情感性沟通 当沟通的双方建立了彼此信任后，除了交换相互的看法和判断，还会表达及分享彼此的感受、情感及愿望。这种情感交流性沟通通常建立在互相信任的基础上。有了安全感，双方自然会愿意说出自己的想法和对各种事件的反应。在日常工作中，医务工作者应做到坦率、热情和正确理解患者并帮助患者建立信任感和安全感，从而，为患者创造一个适宜交流情感的环境。

5. 共鸣性沟通 是人际沟通中的最高层次。它是一种短暂的、完全一致的感觉，沟通双方很少能达到这一层次，只有在情感交流层次时，会偶尔自发地达到一致的共鸣高峰，但其持续的时间不会太长。

由上面5种沟通层次可以看出，沟通层次的主要区别是每个人希望与他人分享自己真实感觉的程度，而这种希望又取决于沟通双方的信任程度。

在医患交往中，各种沟通层次都可能出现，而沟通双方的信任程度是决定沟通层次的关键因素。在与患者沟通的过程中，医务人员应让患者自主选择交流方式，不要强迫患者进入更高层次的沟通。医务人员自己本身也要加强对医患沟通、护患沟通或周围人群沟通层次的评估，即是否与所有人都只能进行一般性交谈，是否存在因为自己的语言行为不妥而使患者不愿意与自己进入高层次沟通的情况。

三、人际沟通的分类

根据不同的划分标准，可以将人际沟通划分为多种形式，每种形式的沟通都与医务工作者的日常工作密切相关。简要介绍如下：

（一）语言沟通与非语言沟通

根据信息载体的不同，人际沟通可分为语言沟通和非语言沟通。

1. 语言沟通 语言沟通以语言文字为交流媒介，又可细分为口头语言沟通和书面语言沟通两种形式。

（1）口头语言沟通：采用口头语言的形式进行沟通，是人们最常用的交流方式。包括听话、说话、交谈、演讲、正式的一对一讨论或小组讨论、非正式的讨论以及传闻或小道消息传播等。口头沟通一般具有亲切、反馈快、弹性大、双向性和不可备查等特点。最常见的口头沟通有交谈和演讲。

（2）书面语言沟通：利用书面文字的形式进行沟通。一般比较正式、准确、具权威性，同时具有备查功能。书面语言沟通包括阅读、写作、护理文书、信件、合同、协议、通知、布告、组织内发行的期刊、布告栏等一切传递和接收书面文字符号的手段，其中最常见的是阅读和写作。

2. 非语言沟通 非语言沟通是指通过某些非语言媒介而不是通过讲话或文字来传递信息的方式。如一个人的仪容、仪表、行为举止、人际距离和环境等。

据有关资料显示：在面对面的沟通过程中，那些具有社交意义的信息仅有不到35%来自语言文字，而65%是以非语言方式传达的。

（二）正式沟通与非正式沟通

按沟通渠道有无组织系统，可将沟通分为正式沟通和非正式沟通。

1. 正式沟通 指信息的传递在一定的组织机构明文规定的途径中进行，如科室医护人员之间的工作往来，护士向护士长汇报工作，科主任传达院办公会精神，教师授课等。正式沟通的特点在于沟通渠道较稳定，信息传递准确，但沟通速度较慢。在正式沟通过程中，沟通双方对于语言性的、非语言性的信息都会高度注意，语言用词上会更准确，并会注意语法的规范化，对于衣着、姿势、目光接触等也会十分注意。人们希望通过这些表现来为自己塑造一个好的形象。在正式沟通过程中，常常存在典型的"面具"效应，即人们试图掩盖自己的不足，行为举止会变得更为符合社会规范。

2. 非正式沟通 指正式沟通渠道以外的信息交流和意见沟通，如医护人员私人聚会、小群体闲谈、议论某人某事、传播小道消息等。非正式沟通的特点是沟通形式灵活、信息传递速度快，但并不一定可靠。人们的一些思想、动机、态度、情感、需要和目的在正式沟通中往往不便表达，而在非正式沟通中易于表达出来，行为举止也更接近本来面目，沟通者对于语言和非语言信息的使用都比正式沟通随便。

（三）有意沟通与无意沟通

按照沟通的意识性是否明确，可将沟通分为有意沟通与无意沟通。

在大多数情况下，沟通都具有一定的目的，这种沟通是有意沟通。但是，有时我们在与别人进行信息交流时，并没有意识到沟通的发生，这就是无意沟通。

1. 有意沟通容易理解 每一个沟通者，对自己沟通的目的都会有所意识。通常的谈话、心理护理、了解病情、打电话、写信、讲课，甚至闲聊，都是有意沟通。表面上看，闲聊好像没有目的，实际上，闲聊本身就是目的，通过闲聊排解孤独，消磨时光。

2. 无意沟通不容易为人们所认识 事实上，出现在我们感觉范围中的任何一个人，都会与我们有某种信息交流。如护士白天去巡视病房，发现患者睡着了，护士会不自觉地放轻脚步，压低说话声音；实习护士在实验室里练习操作，如有别人与她一起练，不管认识不认识，她都会不自觉地比独自一人练习时认真些。显然，这就是彼此间有了相互影响和信息沟通。由此可见，无意沟通不仅是经常发生的，而且是广泛存在的。

四、人际沟通的特点与功能

（一）人际沟通的特点

人际沟通是沟通中最为重要的一种，它具有以下特点：

1. 人际沟通随时随地都会发生　无论你是否愿意，自觉或不自觉，沟通随时随地都会发生，这是不以人的意志为转移的。即使你没有开口说话，他人也能从你的表情、眼神、动作中了解你的一些心思。如一个患者初来门诊就医，尽管还没有来得及问诊，但从他痛苦的表情、特殊的手势和动作，就可以判断出什么系统出了问题。实际上人与人在感觉可及的范围内自然发生沟通，这种沟通是任何人都无法组织的。

2. 人际沟通并不都是面对面　面对面是最常用的沟通方式。但人们可以通过非面对面的方式进行沟通，如电话交谈、网上聊天、书信交流甚至敲墙沟通等。这种非面对面的沟通，难以捕捉对方的非语言信息，因而得到的信息不够完整和全面。

3. 人际沟通是双向互动的反馈和理解　人际沟通是信息的给予和收集、发出和反馈的双向过程。沟通就像是跳交谊舞，需要两人配合，只有一方处于主动带引的地位，另一方也随音乐和舞步而默契配合，才能达到舞姿的和谐和娴熟。沟通正是这样，只有双方相互理解，才能达到有效沟通的目的。

4. 人际沟通受情景的制约　生活中许多因素制约着我们的沟通行为。如沟通的时间、空间，沟通者的情绪、性格、文化程度、宗教信仰等，都可制约和影响沟通的效果。

（二）人际沟通的功能

1. 满足生理需要　人类是具有信息加工和能量转化系统的有机体，必须接受外界的各种刺激，并对这种刺激做出反应，才能维持正常的生命活动。心理学家 w.Heron 1957 年曾经做过"感觉剥夺"实验，他将自愿受试者关在一个光线、声音隔绝的实验室内，并将受试者身体的各个部位包裹起来，以尽可能减少触觉体验。实验期间，除给受试者必要的食物外，不允许他们接受任何刺激。结果，仅仅三天，受试者的整个身心都产生了严重障碍，甚至连大动作的准确性也都受到严重损害。研究结果表明：缺乏沟通甚至可能危及生命。

2. 满足心理需要　沟通的心理功能主要表现在以下两个方面。

（1）通过沟通获得社会的接纳：心理学认为，人是社会人，人与他人相处就像需要食物、空气、水、住所等一样重要。人若与其他人失去了相处的机会与接触方式，大都会产生一些不良反应，如产生幻觉、丧失运动机能、心理失衡等，我们平常与其他人闲聊琐事，即使是些不重要的话，但我们却能因此满足彼此互动的需求而感到愉快与满意。例如现代社会人们的工作和生活节奏越来越快，人们面对面的交往减少了，但是出现了更多的诸如 QQ、微信、微博等网络交流工具，人们通过网络维持并发展彼此关系，意味着沟通对于人们的心理健康有着非常重要的作用。

（2）通过沟通认识自我：自己有什么专长与特质，有时是通过沟通从别人口中得知的；有什么缺点和毛病，也许别人比我们更清楚；与他人的沟通互动，往往是自我认识的来源。人们都想被肯定、受重视，通过与他人交往，能够建立自我概念并且从别人的评价中调整和发展自我意识。因此，通过沟通，人们能够探索自我、肯定自我，从而激发人们的沟通欲望。

3. 满足社会需要　人们都生活在特定的社会环境中，无法脱离社会而独立存在。以个体作为生活与生存单位的人，通过沟通的纽带连接成为社会群体，通过沟通建立和维系与他人不同的社会关系，例如每个人都有自己的同学关系网络、亲友关系网络、工作关系网络或虚拟社区关系网络。一般情况下沟通越频繁，关系就会越紧密，随着沟通的进程，关系得以发展、改变或者维系下去。在组织中，沟通保障了管理的实施，保证了组织的运作；在社会关系群体中，沟通有助于提高凝聚力，增加认同感。

4. 满足职业需要　不同的职业，对人际沟通能力的要求不尽相同。作为医务工作者，每天都会接触各种各样的人，人际沟通能力要求更高一些。有调查表明，整体医护人员需要用 70% 的时间与他人交流，良好的人际沟通能力对于医患、护患关系的和谐、医疗团队的工作成效以及个人职业生涯的发展，将产生深远影响。

5. 满足决策需要　人们在生活和工作中随时都可能进行各种决策，大到高考时决定考什么学校、学什么专业，小到吃饭点什么菜都是在做决策。各种决策水平的高低一方面取决于自己的判断能力，另一方面取决于相关信息的掌握程度。正确、适时的信息是有效决策的钥匙，这些信息有时是通过自己的观察，从阅读或从传播媒体得来，有时是通过与他人沟通而获得？沟通也可以影响他人的决策，例如和朋友去买衣服，不同意见的互动就可能会影响到选择结果。因此，通过各种渠道收集信息，在与他人交往中获得启发与帮助，是决策的正确途径。

五、人际沟通的障碍与影响因素

在沟通过程中，如某个环节出现故障，就可以引起信息歪曲、偏差，使沟通达不到预期目的，严重时甚至可能使沟通过程中断。因此，认识影响沟通过程的因素，对顺利有效地沟通、排除沟通障碍十分重要。影响人际沟通的因素包括个人因素和环境因素。

（一）个人方面的因素

1. 情绪因素　如果沟通双方的情绪都很好，那么他们的交流会很愉快、顺利。否则，如果患者生气、焦虑、紧张、敌对或悲伤，沟通可能达不到预期的目的。医务人员要学会控制自己的情绪，以确保为患者提供最佳服务。

2. 身体因素　如果一方疲倦、疼痛、言语障碍、身体不适等，可以影响信息的传递和接收。由于生长发育的影响，小儿理解能力差，老人反应慢；由于生理缺陷，如唇裂、口吃所造成的发音不清楚；用药所导致的意识障碍，先天的聋哑人、盲人，其他如牙齿、口腔疾患、异味等原因，皆可影响沟通和交流。

3. 性别因素 现代研究表明，男人和女人交流的风格是有差异的。

4. 认知因素 认知是一个人对待外界事物的观点、态度。双方认知不同，看待事物的观点也不同。双方持不同的观点，交流则不易达到统一。不同的社会阶层，文化水平的高低也会影响沟通的效果，人们的价值观决定着对事物的态度和处事的方式方法。

5. 知识水平 知识渊博的人，可以给人以信息，易于与人交流。如果语言贫乏，寒暄过后，就没有什么可说的了，那么沟通就无法继续。另外，由于所熟悉的领域不同，人们的共同语言也有所差异，沟通的范围也相应变化。

6. 角色与关系 同学之间说话很随便，互相打闹、嬉戏毫无顾忌，但师生关系就不一样。师道尊严，尊敬师长，使得学生在老师面前恭恭敬敬。同样，下级与上级和同事与同事之间的交流也是不一样的，所以，角色与关系也影响交流。

以上个人方面的因素可能会限制一个人在沟通中的感受，从而使信息在交流过程中有可能被扭曲或改变。从而影响信息传递的清晰度和正确性。

（二）环境方面的因素

1. 物理环境

（1）噪声：安静的环境有利于沟通的顺利进行，因此医护人员与患者进行沟通交流前要尽量排除一切噪声来源，如门窗开关的噪声，电话铃声，邻街的车辆发出的噪声等。为沟通提供一个安静的环境，确保沟通效果。

（2）氛围：良好的氛围利于护患之间的沟通，如房间的光线、气味、温度、室内的布局等。医务人员应该以患者为中心，努力创造一个整洁、安全、温度适宜的舒适环境，利于沟通顺利进行。

（3）距离：在社会交往中，人们无意识或有意识地保持一定的距离，当个人的空间与领地受到限制和威胁时，人们会产生防御性反应，从而减低交流的有效性。在与患者沟通时，应保持适当的距离，既让患者感到亲近，又不对其造成心理压力，避免给患者带来紧张不适等感觉。

（4）隐私：凡沟通内容涉及个人隐私时，医护人员要为患者营造一个利于保护隐私的环境。如患者有时不希望其他人员在场（如同事、朋友，甚至是家人），否则会影响其表达和配合，干扰沟通。因此，医护人员在条件允许时可以根据患者需要选择无人打搅的房间，或请其他人暂时回避，或以屏风遮挡，或注意压低说话声音等，以解除患者的思想顾虑，保证沟通有效进行。

2. 社会环境　个体在社会中都处于一定的地位，具有不同的人生观、价值观和道德观，这就决定着他们对事物的态度和处世的方式方法有所不同；处于不同的社会层次以及具有不同文化水平的人对同一信息也会有不同的，甚至是截然相反的理解和认识；沟通双方有无信仰或信仰不同，也会给沟通带来一定的障碍。此外，职业背景形成其特有的职业沟通方式和文化，也会影响沟通效果。

第二节　医护人员工作中的人际关系与沟通

一、医护人员工作中的人际关系

医护人员工作中的人际关系是指医务工作者与其在工作中接触的所有人员之间的关系，包括医患关系、护护关系、医护关系以及与其他医务人员的关系等。

（一）医务人员与患者的关系沟通

医务人员与患者的关系（以下简称医患关系）是医生、护士与患者之间在提供或接受医护服务过程中，自然形成的一种服务与被服务的人际关系。它是医务人员与患者及患者家属在特殊环境中交流互动所形成的短暂型人际关系，是医护过程中最重要的、涉及范围最广泛、影响因素最复杂的一种人际关系。

医患关系随着患者进入医院寻求帮助开始就已经建立，医患双方能否很好地进行沟通，直接影响着患者接受治疗和护理的效果。良好的医患关系对于医护质量的提高、减少医患纠纷具有重要的现实意义。

（二）护士与护士的关系沟通

临床护理工作中，护士因岗位不同，职责和分工也各不相同，为了"照顾患者，服务患者"这个共同的目标，彼此紧密联系在一起。护士与患者之间的关系称为护患关系，护士与护士之间的沟通又称为护际沟通。良好的护际沟通不仅有助于维系护士之间的关系，还有助于创造融洽、和谐的工作氛围，提高工作效率，提高护理质量。护际关系与沟通直接关系到护士群体的凝聚力和战斗力，因而分析与了解护际关系与沟通，对护士整体素质的提高及护理工作的开展均具有一定的现实意义。

（三）护士与医生的关系沟通

自从有了人类，生、老、病、死就无时无刻不在伴随着人类的生存与发展，医疗与护理也随之应运而生。最初，护理工作是包含在医疗工作中的，即医护不分家。19世纪，随着社会和医学科学的发展与进步，护理工作得到了空前的发展。19世纪中叶，英国的南丁格尔创建了科学的护理学专业，提出了以改善环境、促进舒适和健康为基础的护理理念，使医院的医疗服务与生活服务结合起来，从而使护理发展成为一个独立的专业体系，这就是现代护理专业的起源。自此，护理与医疗事业相伴随，成为既有合作又有分工的两个专业。

在护医关系发展中探讨护士的地位及作用，就是探索护士"身份"，亦即护士与医生是怎样的关系。远在古代，护理模式普遍采用自身护理和家庭护理模式；在中世纪宗教医学模式下，形成了最初的医院护理；到了近代，生物医学模式的应用，护理模式普遍采用功能制护理。在此之前，人们总认为护士所能做的只是执行医嘱，在照顾患者时她们只是医生言听计从的助手或部下，而没有能力在关怀、照顾患者的问题上作出决策。护医关系形式往往表现为主导－从属型，即医生是主动的，护士是被动从属的，医生开医嘱，护士执行医嘱。直到现代生物－心理－社会医学模式的建立，这种情况才发生了变化。护理虽然要根据诊断、治疗进行护理，但不等于说护理工作没有相对独立性。在如何护理患者问题上，该由护士作出决策，进行组织安排。因此，护士与医生就成了不同学科之间分工合作的关系，而不是主从关系。工作形式也从主导－从属型逐步转向交流－协作－互补型关系，使护医工作既有区别又有联系，既有分工的不同又有相互配合和互补。

医学领域是最能充分体现人类互助精神的领域，护士与医生的精诚合作，建立良好的护医关系，既是医务人员医德修养和医德实践的具体体现，也是完成医疗过程、解除患者疾痛、促进患者康复的保证。

（四）医护与其他医务人员的关系沟通

医院是为人提供健康服务、维护人的健康和生命的场所，是救死扶伤、治病救人的地方。在医院要完成对患者的救治，只有医生和护士是不够的，还需要有很多其他科室与部门的协作与配合。这些科室通过系统的规划、协调与管理，共同围绕着"为患者服务"的宗旨，各自分工、相互协作、统一有序地开展工作，整个医院才能够得以正常高效运行。

日常工作中，医护人员与非临床科室的医务人员是互助合作的关系。互助合作是指医护人员与其他医务人员共同参与为患者提供优质服务，并相互沟通交流，共同完成医疗、护理等工作。

二、人际沟通在医护工作中的作用

医护人员在治疗、护理过程中，不仅要了解患者的生理特征和病理状态，还要了解患者的心理特征和社会环境因素，深入患者的深层次心理、人格结构和社会生活等各方面去认识、揭示病症和病因。只有通过与患者建立一种和谐的、相互依赖的平等关系，才能取得患者的信任。而良好的沟通能力是实现这种关系的重要手段，在医务工作中有极其重要的作用。因此，沟通能力对每位医务工作者来说都有重要意义。

（一）适应新的医学模式的需要

生理心理社会医学模式要求医务人员以患者为中心，全方位了解患者，从整体角度满足患者的综合要求。有效的医务人际沟通有助于建立良好的医务人际关系，体现现代医学模式，符合患者的心理需求，满足患者日益增长的自我保健、安全医疗的需求。

（二）有助于缔造良好的工作氛围

在医院这个特殊的环境中，医生、护理人员、患者以及家属等相互共存、密不可分。良好的医患关系和平等信任的医患关系是愉快工作环境的缔造者，它不但能直接影响着患者的心理变化，使其以良好的心理状态面对疾病，也能在较大程度上提高医护人员的工作热情，有助于医患双方的愉快合作。

（三）有助于提供成功的健康服务

有效的医务人际沟通是与患者及其家属建立良好人际关系的基础，而良好的医患关系是一切医务工作的基础。良好的医患沟通一方面能充分发挥患者的主观能动性，取得患者的密切配合；另一方面有利于医务工作者进行健康教育，确保医疗、护理工作的顺利进行，提高服务质量。

（四）有助于减少医护纠纷

有研究表明，80%的医疗纠纷与不良的医患沟通或护患沟通有关，只有不到2%的案例与医疗护理技术有关。因此，通过医务人员的沟通，充分尊重患者的权利，建立良好的医患及护患关系可以减少医疗纠纷。

三、医护人员人际沟通能力的培养

沟通能力培养的核心是医患、护患沟通能力，也包括工作关系的沟通能力和现代信息资源的运用能力等。

（一）培养高尚的职业道德

职业道德是从事一定专门职业活动的人们在特定的职业活动中应该遵守的行为准则和规范。每个行业都有本行业的职业道德要求，临床医生的职业道德是我们所说的医德，护理职业道德是护理社会价值和护士理想价值，医技科室职业道德体现在化验数据的准确与结果的分析，它与医务工作者的职业劳动紧密结合。形成高尚的职业风范，对指导医务工作者的道德发展方向，调节医患关系，造福于人民的健康事业具有深远意义。有了高尚的职业道德，就能做到以下要求：

1. 关心患者，热情负责　对患者关心体贴、热情负责，体现了社会主义的人道主义原则，体现了医务工作者全心全意为人民服务的精神。在社会主义社会里，人与人之间是平等关系。这种关系表现在医疗护理工作中，就要求医务工作者为了患者的健康，必须对患者怀有深切的同情心，这种同情心不同于怜悯心和仁慈心，它不是医务工作者对患者的个人恩赐，而是医务工作者应尽的义务和职责。

2. 尊重人格，平等待人 医务工作者在为患者服务时，必须尊重患者的人格。不论患者的职务高低、年龄大小、病情轻重、容貌美丑、关系亲疏、经济贫富等，都应一视同仁、平等待人。切忌以貌取人，以贵贱待人；切忌对某些患者关怀备至，对某些患者却冷若冰霜。

3. 诚实谦让，文明礼貌 诚实谦让的态度能增进人与人之间的信任与团结，文明礼貌的言行能给人美的享受。医务工作者在患者面前，不可因个人心情不快而迁怒于患者；不可忧形于色，欣喜无度。对沟通对象应始终诚实谦让、礼貌热情、举止端庄、言语文明；对他人的批评能虚心接受、宽宏大度；不嫉贤妒能，善于与同事合作。

4. 恪守信誉，保守秘密 自古以来，我国就流传着这样一句话："人有三不背，一不背父母，二不背师长，三不背医师"，这说明患者对医护工作者的高度信任，患者在求医过程中常常会向医护人员和盘托出自己的心愿和要求，并期望从医护人员那里得到理解和帮助。由此，医护人员必须恪守自己对患者的承诺，以此得到患者的信赖，建立良好的医患、护患关系。

（二）养成良好的个性品质

个性品质是影响医患，护患关系的重要因素，良好的个性品质对人际交往具有很大的吸引力。养成良好的个性品质包括责任心、真诚、尊重三个方面。医务工作者与患者沟通，一方面对患者起着潜移默化的作用，另一方面可以向患者展示自己良好的个性品质、传播丰富的专业知识。

（三）摄取广博的相关知识

一个人的沟通能力是在正确的理念指导下，在长期的社会实践中发展和形成的。培养医务工作者的沟通能力，就必须加强沟通知识的传授和沟通能力的训练。如加强人文修养，奠定人文底蕴；善于学习，更新知识。

（四）掌握娴熟的沟通技巧

人际交往中要想成为受欢迎者，首先要对他人友好；而对他人友好，又要先学会善言。善言就是善于说话，说好话，说得体话。得体的语言就像汽车的润滑剂，能够减少人与人之间的摩擦。不得当的语言，有时尽管是无意的，都可能造成严重的后果。

复习思考

1. 将要传递的信息符号化，即将信息转换成语言、文字、符号、表情或动作的过程称为（   ）

　　A. 信息背景　　　　　　　　　　　　　　B. 信息

C. 编码   D. 解码

E. 信道

2. 按照沟通的深度分类，哪一层次的沟通双方信任程度及参与程度最高（　　　）

A. 一般性沟通   B. 事务性沟通

C. 分享性沟通   D. 情感性沟通

E. 共鸣性沟通

3. 不使用语言，而是借助服饰、表情、动作等进行的沟通属于哪种类型的沟通？（　　　）

A. 语言沟通   B. 非语言沟通

C. 正式沟通   D. 非正式沟通

E. 单向沟通

4. 在正式沟通渠道外进行的信息传递和交流属于哪种类型的沟通（　　　）

A. 语言沟通   B. 非语言沟通

C. 正式沟通   D. 非正式沟通

E. 单向沟通

5. 信息发送者发出信息，信息接收者只接收信息，但不做反馈的沟通形式属于哪种类型的沟通（　　　）

A. 语言沟通   B. 非语言沟通

C. 正式沟通   D. 非正式沟通

E. 单向沟通

6. 信息发送者和信息接收者的角色不断变换，以共同讨论和协商进行信息交换的沟通方式属于哪种类型的沟通（　　　）

A. 语言沟通   B. 非语言沟通

C. 正式沟通   D. 非正式沟通

E. 单向沟通

7. 影响人际沟通的个人因素不包括以下哪一项？（　　　）

A. 生理因素   B 心理因素

C 价值观念   D. 社会背景

E. 认知水平

8. 以下哪一项属于影响人际沟通的环境因素？（　　　）

A. 沟通者情绪烦躁   B 沟通者听力障碍

C. 沟通双方距离较远   D. 沟通双方信仰不同

E. 沟通双方价值观不同

9. 以下哪一项属于影响人际沟通的隐秘性因素？（　　　）

A. 沟通场所阴暗　　　　　　　　　B. 沟通一方情绪烦躁

C. 沟通双方距离较远　　　　　　　D. 沟通一方性格内向

E. 沟通内容涉及隐私

10. 下列哪项不是沟通的基本因素？（　　　）

A. 信息的发现者和接收者　　　　　B. 信息的内容

C. 沟通的背景　　　　　　　　　　D. 沟通的方式

E. 信息反馈过程

第四章
语 言 沟 通

【学习目标】

1. 掌握语言沟通的原则和有效沟通的技巧。
2. 熟悉交谈的过程与原则。
3. 了解语言沟通的功能和交谈的特点。

第一节　语言沟通概述

语言是人类交流思想和表达情感的心理过程，是维系人类关系的纽带，是人际沟通和交往的基本工具。俗话说"话如其人"，指的是一个人的语言能直接或间接表现其人品和修养。医务工作者与其服务对象的语言沟通，在疾病治疗、康复与健康维护过程中都具有极其重要的作用。

一、语言沟通的概念与性质

语言沟通由两部分组成，一是语言，二是言语。

语言作为一种社会现象，是人类在社会活动过程中形成的约定俗成的符号系统。它是以语音或字形为物质外壳，以词汇为建筑材料，以语法为结构规律而构成的体系，是人类最重要的沟通工具。

言语作为一种心理现象，是人们运用语言材料和语言规则进行人际沟通的过程。言语是人们使用语言工具来传递某种信息的活动，是对语言的运用。语言和言语是互相依存的，语言既是言语的工具，又是言语的产物。

语言沟通就是人们运用语言进行表达情意的活动，它是以思维和沟通为基本功能的行为，可分为有声语言沟通和无声语言沟通。有声语言沟通是指用讲话，即口语的方式进行

40

沟通，如交谈、访问、演讲、电话、会议等；无声语言沟通是指用文字，即书面语言的方式来沟通，如书信、记录、通知、文件等。

二、语言沟通的功能

1. 获取信息情报 通过语言沟通，可以收集、储存必要的新闻、数据、图片、事实、评论，以便了解信息，并作出反应和决定。

2. 进行决策 生活中的人们必须进行各种决策，语言沟通以辩论和讨论的方式满足了决策过程的两个方面：促进信息交换和影响他人。辩论和讨论有利于统一观点和认识，达成一致意见。

3. 和谐人际关系 语言沟通是人际沟通的主要形式。良好的语言沟通，能有效调节人与人之间的关系，深化人与人之间的感情，创造和谐的人际关系。

4. 参与社会活动 语言沟通能提供有关知识，帮助人们从事社会活动，加强社会联系和强化社会意识。

5. 促进人的发展 语言沟通能促进人的智力发展，培养思想品德，提高人们在人生各阶段的基本素质和能力。

三、医务工作者人际关系中的语言沟通原则

中国医师协会对各种医疗纠纷进行调查，发现技术原因引起的纠纷不到20%，其中80%源于医务工作者服务态度、语言沟通和医德医风。医务人员和患者间的良好语言沟通，能提高医疗护理的整体水平，增进沟通的有效性，协调医患关系。在人际沟通过程中，应遵循以下基本原则：

1. 尊重性 尊重沟通对象是人际交往的首要原则，应对患者恭敬和友好。交流时不可伤害、侮辱患者，称呼患者要用尊称。

2. 目标性 医务人员和患者之间的语言沟通是一种有意识、有目标的沟通活动。医务人员无论是向患者及其家属询问一件事，说明一个事实，还是提出一个要求，一般都是为了达到医患沟通的某种目的。

3. 规范性 医务人员的语言要发音纯正，吐字清楚，用词朴实准确，语法规范精炼。尽量使用口语化语言，通俗易懂，避免因使用患者难以理解的医学术语而产生误解。

4. 治疗性 良好的语言沟通能帮助治疗，刺激性语言能扰乱患者情绪，甚至引起疾病的恶化。医务人员在患者面前的每一句话都应该是礼貌、诚挚、关心、体贴的，为患者创造一个有利于接受治疗和康复的温馨环境。

5. 情感性 与患者交往中要满怀真心诚意的态度，与患者交流时应温和文雅、亲切谦和，给患者以信赖感。

6. 艺术性　良好的语言修养，与个体的文化素养和语言表达能力密不可分。与患者沟通时，应根据不同对象恰当选择语言表达方式，或委婉曲折，或直截了当，或庄重严肃，或轻松幽默等。艺术性的言语沟通，能拉近医患距离，化解医患矛盾。

第二节　交　　谈

每个人都会说话，但不是每个人都会交谈。语言是内心世界的表现，一个人的教养和为人在交谈中会自然流露出来。"酒逢知己千杯少，话不投机半句多。"会交谈的人，不仅要能圆满地表达自己的意图，说话必须入耳中听，还应集中精力，善于聆听别人的谈话。

一、交谈的含义、特点及类型

（一）交谈的含义

交谈是社会交往中最基本的语言形式。它是两人或两人以上，为实现交流思想、沟通感情、互通信息、协调行为等目的而采用的口语表达活动。交谈的方式灵活、简便、快捷，是我们日常生活中常用的人际沟通方式。

（二）交谈的特点

1. 目的性　动机明确，具有目的性。任何交谈，无论其交谈内容如何广泛，都是为了解决某个问题而产生交谈动机。医务人员交谈的内容涉及生理、心理等方面，这些内容都与健康、疾病有关，即为服务对象解决健康问题，促进治疗和康复，减轻痛苦或预防疾病为目的。

2. 互动性　适时反馈，具有互动性。交谈作为一种交流思想、交换信息的双向沟通活动，通常发生在交谈双方相互的交流活动，是一种双向交流。交谈双方在谈话的过程中，彼此遵循人际沟通信息传递的规律，使信息互相顺畅传递，从而实现谈话的同步性、反馈性。

3. 程序性　交谈中，始终围绕一定的目的，遵循一定的原则，进行一系列活动的过程。一般情况下，交谈的过程可以分为启动阶段、进入主题、结束交谈三个阶段。

4. 随机性　交谈是人们日常生活中最常用的使用广泛的交际手段，所以具有很大的随机性，包括内容和场地的随机性。交谈者根据交谈目的选择话题，不用做特殊准备，可随机选择交流话题。

（三）交谈的类型

1. 根据交谈的目的　①发现问题式交谈：通过交谈收集资料，发现问题，为解决问题而确立目标，如医护人员的病史采集交谈。②解决问题式交谈：针对已发现的问题进行讨论，通过交谈寻找解决问题的方法，如医院疑难病例的会诊讨论。

2. 根据交谈的人数 ①个别交谈：指特定环境中两个人之间所进行的信息交流。如医患交谈、医护交谈、师生交谈等均属这种类型。②小组交谈：指三人或三人以上之间的交谈，如合作项目的交谈。

3. 根据交谈的方式 ①有目的询问式交谈：这种交谈有明显的目的性，交谈者要提出的问题已事先准备充分，因而交谈双方的地位是发问者主动，被问者被动。②无目的开放式交谈：是一种无目的性交谈，发问者因只提供主题和引导交谈而成为被动角色，被问者由于所答内容广泛、开放，而处于主动地位。

4. 根据交谈的性质和要求 ①正式交谈：指有明确目的、详细安排的交谈。如手术前医患谈话、医院疑难病例的会诊讨论等。②非正式交谈：指比较随意，目的性不强的交谈。如一般的医患交谈、师生交谈等。

二、交谈的过程与原则

（一）交谈的启动

交谈的启动是交谈双方形成"第一印象"的关键时期，好似修建大桥的"引桥"，没有启动，就没有发展。启动过程有一定的艰难性，俗话说"万事开头难"，有些交谈的失败，往往是在启动阶段制造了交谈"噪音"，阻碍了交谈顺利进行。启动交谈，首先应以礼貌、热情的态度开始。顺利启动交谈，应掌握以下原则：

第一，树立信心，要克服胆怯、害羞的心理，勇于开口说话。

第二，创建良好的谈话氛围，用语言和非语言的行为来表达真诚和尊重的态度，营造交谈的和谐氛围。

第三，寻找双方共同感兴趣的话题来启动交谈，寻找共同点，调动彼此交流的积极性。

第四，克服对话题的偏见。比如，并非很不寻常的事才值得谈，交谈内容也并非一定是高深学问等。事实上，日常生活的话题是启动谈话的最好途径。

（二）交谈的进行

话题启动后，需要进一步发展谈话，为达到一定目的而沟通，发展谈话一般应注意以下方面：

1. 因势利导 大家常常是互相问候，从一些与主题有关的生活小事谈起，但此类话不能说得太多，避免枯燥乏味，应及时将谈话转入正题。

2. 提问 提问可以把对方的思路适时引导到某个话题上，同时还能打破冷场，避免僵局。提问首先要有所准备，避免问及对方难以回答的问题，也不要询问别人的隐私。采用开放性提问来询问对方可以叙述的问题，让对方有更多交流空间，而不是仅仅回答"是"与"否"。

3. 暗示　在交谈时，常会出现对方谈话离题太远而时间又有限的现象，我们可以常用暗示的方法将他拉回正题。或简短的插话，或展示与交谈正题有关的物品等。

（三）交谈的结束

在语言交流中，如何开始交谈是一种艺术，怎样结束交谈也是一种艺术。实践表明，一个巧妙适宜的结尾往往能给人留下美好愉悦的回忆。

1. 把握时机，见好就收　当双方谈话的中心内容已近尾声，在达成谈话预期目标时，谈话者要恰到好处地利用双方交谈融洽的氛围，见好就收。

2. 言简意赅，重复主题　在交谈结束时，为了强调谈话的内容，使双方就谈话的主题明确一致，可以把内容言简意赅、突出重点地重复一下，顺利结束交谈。

3. 勿忘询问，礼貌结束　在谈话结束时，可以询问对方还有没有其他打算等，这既可显示亲切、友好和关心，又可防止谈话内容遗漏。交谈结束时，也可用一些致谢语，诚恳地道别，如"多谢您的帮助！""给您添麻烦了！"等，在谦和友爱的氛围中结束谈话。

4. 正式交谈，做好笔记　正式的专业性交谈，如医务人员询问病史和治疗性交谈等，在结束后应及时补笔记。如果需要在交谈中一边谈话一边记录，则应向患者作出必要的解释，以免造成患者不必要的紧张。

三、影响交谈效果的因素

（一）态度

谈话的时候要态度诚恳自然，语气和蔼亲切，表达得体。在交谈中，应特别注意交谈的态度。

1. 有利于交谈的态度

（1）充满兴趣，真诚友善：对交谈的对象、话题等自始至终表示出浓厚的兴趣，积极热情，互通信息，促进交谈向纵深拓展；并保持亲切和善、诚挚专注的交流姿态。

（2）面带微笑，轻松自然：微笑是一种极具魅力的人际沟通力量。坦诚平和的微笑，能营造出温馨的交谈氛围。

（3）谦虚多礼，虚心戒骄：语势谦和，言辞委婉，善用敬语。礼仪在先的交谈，往往表现出个人内在文化素养和人格修养。

（4）多虑慎思，灵活多变：如果交谈中遇到敏感的交谈话题，要进行认真分析，周密思考。在深思熟虑的基础上，灵活自如地交流；同时，关注对方情绪的变化，随机应变，避免因考虑不周而伤害对方，导致谈话失败。

2. 不利于交谈的态度

（1）轻率定论，武断专横：说话应注意分寸，避免一概而论。如"一定是""必然""肯定""所有的""总是这样"等之类的词，需谨慎使用。可换言为"有些""有时""许多""不多见"之类的词语，以免错误断言，妄下结论。

（2）自以为是，傲慢自大：如果交谈的一方盛气凌人，傲慢无礼，对交谈的对象缺乏尊重，通常会导致交谈无法进行，以失败告终。

（3）争强好胜，不容他人：交谈中，固执己见，好与他人争执. 毫无谦让之意，极易破坏交谈，既无法达到求同存异的交谈目的，又丧失了日后再谈的感情基础。

（4）态度生冷，情感淡漠：交谈需要双方在彼此尊重、理解的基础上，进行心灵的碰撞和情感的交融。若采取冷淡漠然、漫不经心，甚至虚情假意的态度和行为，则会违背交谈的基本原则，损害交谈者的感情。

（二）内容

1. 适宜的谈话内容　①既定的主题，也就是交往双方事先约定的主题。②高雅的主题，如文学、艺术、历史、哲学等。③轻松的主题，如旅游观光、风土人情、流行时尚、文艺演出等随意性强的主题。

2. 不适宜的谈话内容　涉及收入、年龄、婚恋、宗教信仰、住址、个人经历等方面话题，若非对方主动谈及或是工作需要必须了解的内容，尽量谨慎对待，或者避免谈论。另外，像有关错误倾向的话题，如违背社会伦理、生活堕落、政治错误等，也不适合交谈。

四、医务工作中的交谈策略

交谈中常用的沟通策略有：倾听、核实、提问、反应、阐释、沉默、移情、申辩、鼓励等。

（一）倾听

良好的倾听是高效沟通的基础。倾听是指沟通者全神贯注地接收和感受交谈对象所发出的各种信息（包括语言和非语言信息），并对信息全面理解并做出积极反应的过程。整个倾听过程，包含倾听的神态、核对倾听内容和对倾听的反映三方面的内容。

善于沟通的人首先一定是个善于倾听的人，耐心积极地倾听别人的话语，是良好交谈的前提。在别人说话时保持沉默，这并不是真正的倾听。真正的倾听是以下面四个意图之一为基础的：①理解某人；②欣赏某人；③学习某些东西；④给予帮助或安慰。

医务工作者和患者交谈，倾听患者述说时，应做到以下几方面：

1. 控制干扰，神态沉稳　要做好一定的准备，安排合适的时间和场所去倾听患者说话，尽量排除一些偶然的外界干扰因素。如：不要经常插话，让对方充分地诉说；关掉手机等。和患者交谈的距离，保持一米至两米较合适；站姿和坐姿自然放松，举止大方得体。

2. 集中精力，专注倾听　全神贯注地倾听，不仅是对声音的吸收，更是对说话者语义的理解。把注意力集中于交谈方身上，明确倾听目标，忌"左耳进，右耳出"。倾听时态度专注投入，并及时做出情感反应。倾听伴随着交谈过程，同时也要适度地给以语言反应，比如适当插入"哦""嗯""是吗""知道了"等话语。

3. 综合信息，体察语意　要综合患者表达的各种信息，注意患者所表达的非语言信息，善于理解其言外之意、弦外之音，知悉患者谈话的主题，了解其真实思想。

4. 慎重判断，适度提问　不要随意打断患者的讲话，进行适时和适度的提问，但不要妄加评论和争论，不要急于做出判断，要耐心地将患者的讲话听完整，以便全面完整地掌握情况。倾听时，不能表现出冷淡或不耐烦的态度。

（二）核实

核实是指交谈者在倾听过程中，为了证实自己的理解是否准确，所采取的交谈技巧。核实是一种反馈机制，体现了高度负责的精神。通过核实，可以使对方知道自己正在仔细倾听，并理解所谈及的内容。例如对谈话内容涉及的某些细节、程度、范围的核实。核实包括重复、意译、澄清等方式。

1. 重复　重复是指交谈中倾听者对讲述者的话语进行复述、核对的一种交谈技巧。重复表示承认了对方的叙述，从而加强了对方继续诉说的自信心，让对方感觉自己的诉说已经生效。它是一种不加任何判断的重述，恰当的重复可引发对方的积极思维，对维系交谈的顺利进行具有重要意义。

2. 意译　意译也叫改述或义释。是把对方的话改用不同的说法叙述出来，但意思不变，或将对方的言外之意说出来。

3. 澄清　澄清是指将对方的一些模棱两可、含糊不清或不完整的陈述讲清楚，以获得更具体、更明确的信息。例如，可以用下列话语来引导："我还不明白，你告诉我的是……""根据我的理解，您的意思是……""您刚才的话，是这个意思吗？""我可以这样理解吗？"等。通过澄清，有助于交谈双方弄清最重要的问题是什么，以便进一步集中精力解决关键问题。

（三）提问

提问在交谈中具有十分重要的作用。它不但是收集信息和核实信息的手段，而且可以引导交谈围绕主题展开。有效提问可以获得更多、更准确的资料。交谈中的提问除了达到核对的目的外，还可使交谈向纵深发展。提问一般分为开放式提问和封闭式提问两种方法。在交谈中，可以根据不同的情况选择不同的提问方式。

1. 开放式提问　是一种不限制回答者应答的一种提问方式，如"您对手术有什么看法？""这几天您的感觉如何？"它的优点是可以诱导对方开阔思路，鼓励其自由回答自己的观点、意见、想法和感觉，有利于进一步发展谈话。缺点是需要的时间较长，容易偏离主题，且交谈的双方都要有所准备。

2. 封闭式提问　是一种回答者的应答受到限制的提问方式，应答者回答的选择性很小，用简单的"是"或"不是"、"有"或"没有"就可以回答。如"您今天感觉好些了吗？"这种封闭式提问的优点是对方能直接坦率地做出回答，提问者能在短时间内迅速获得所需要的有价值信息，有利于节约时间。缺点是回答者应答的自由空间小，使对方没有机会解释自己的想法和释放自己的情感，限制了对方的思路和自我表达，不利于沟通的发展和深入进行。

（四）反应

反应是指交谈过程中信息接收者对信息发出者的谈话内容所引起的态度、行动或意见。在交谈的过程中，如果信息接收者只是被动地听，可能会让他人认为你对他的谈话内容不感兴趣，对彼此的交流不够积极。在交谈时，要掌握正确的反应要点和逻辑思维方法。

1. 思维速度相适应　要给予及时的反馈，思维与谈话的速度保持一致，不能超前，也不能过于落后。

2. 不要急于下结论　没完全弄懂对方真正意思之前，没真正把握对方的感受之前，都不要急于定论，否则会导致交谈失败。

3. 语言要具体明确　病人在倾诉过程中可能会伴有一些疑问，对疑问的回答应具体明确。如："今天听了你的情况，我对你的病情有了初步了解，如有不清楚的地方我们下次再接着谈。你不要着急，我们一定尽全力帮你恢复健康。"一般这样的反应，可使病人的情绪稳定下来。

4. 不做虚假保证　过于肯定、热情的许诺，虽然能鼓舞对方，但也容易使其产生疑虑，甚至埋下医疗纠纷的隐患。因此，在与患者交谈时，医务人员不能轻易承诺和虚假保证。

（五）阐释

阐释是叙述并解释的意思。当需要解答病人的各种疑问，或解释某项医护操作的目的及注意事项，或对患者的陈述提出看法和建议时，就要求医护人员具有一定的阐释技巧。如护士为一位高热病人用乙醇擦浴法物理降温时，就需要不断地向病人阐释乙醇擦拭降温的目的、方法、禁忌部位等。

阐释时的注意事项有：①尽可能全面了解对方的基本情况；②为对方提供感兴趣的信息；③理解对方发出的全部信息内容和情感；④将自己的观点、意见用简明扼要、通俗易懂的语言阐释给对方；⑤整个阐释过程要使对方感受到关怀和尊重。

（六）沉默

沉默是一种特殊的语言交流，它是指交谈时倾听者对讲话者的沟通在一定时间内不作语言回应的一种交谈技巧。沉默既可以表达接受、关注和同情，也可以表达委婉的否认和拒绝。在运用中，选择时机、场合及如何运用是问题的关键。医务工作者在和患者交谈中，适当应用沉默技巧，有助于病人宣泄自己的情感，缓解病人的过激情绪与行为。给患者一定时间考虑他的想法和回顾他所需要的信息，也可让自己快速构想进一步的提问及记录资料。

（七）移情

移情即感情进入的过程，体现了人与人之间的情感联系。在交谈中，处身对方的角度，体会对方的感受。移情不同于同情，同情是指面对他人处于困境时，对他人的关心和怜悯，是自我情感的表现。而移情是从他人的角度感受和理解他人的感情，是分享他人的感情而不是表达自己的感情。

在医患沟通中，应用移情的交谈技巧，对患者满怀爱心，本着宽容、合作的精神，有助于和谐医患关系。医务工作者只有深切体验患者的真实情感，才能真正实现"以病人为中心"的工作目标。

（八）申辩

申辩，即申述辩解。必要的申辩，可使他人明白自己的态度和观点。但在申辩方式和态度上，切忌申辩过度，以免让人感觉"固执"。医务工作者不适当的申述辩解，反而会激化患者的情绪；应选择合适机会，在患者情绪稳定时加以平和的申辩。

（九）鼓励

鼓励是在交流中，用鼓励性的语言帮助对方增强信心的一种交谈技巧。医患交谈中，适时运用鼓励性语言，对病情较重且预后较差的患者是一种积极的心理支持，可以帮助他们树立信心，振奋精神，更好地配合治疗。特别是对慢性病患者，更需要经常结合治疗中的具体处境和实际问题给予一定的鼓励。

第三节　交谈能力的培养与训练

一、交谈能力培养与训练的重要性

学会交谈，进行有效语言沟通，是每个社会成员必须具备的基本素质之一。良好交谈能力的形成，来源于相关知识的学习和不断实践。因此，遵循交谈的基本规律，根据不同的社会环境，制定合理的交谈能力培养方案，组织严格规范的交谈实践训练，对医务工作者交谈能力的提高至关重要。交谈能力的相关培养与训练，能够直接指导医务人员有效利用语言沟通手段，了解患者病情，协调医患关系，融洽医患情感。

二、交谈能力培养与训练的主要步骤

医务工作中交谈能力的培养与训练应结合医务人员职业特点，合理制订培养计划和内

容，科学制定评价标准和组织交谈实践，定期进行交谈考核。

1. 拟定培训计划　根据实际需求，拟定交谈培训计划，指导医护专业性交谈实践。培训计划包括培训目的、时间、内容、步骤、考核、评价等环节。

2. 精选训练内容　遵循交谈的基本原理、方法和技巧，结合实际，设计交谈能力训练的内容。训练的内容包括交谈范例、阅读材料、自我测试题、参考资料等。

3. 开展交谈训练　按照训练计划，逐项进行交谈模拟训练。训练的主要形式有：角色扮演、共享与交流、拓展阅读等。

4. 制定评价标准　根据交谈的过程和内容，对交谈能力进行综合评价。

三、交谈的语言表达技巧训练

1. 语音准确　语言的本质是声音，发出的声音要别人听得清楚，才有交往意义。因此，要求医务人员的普通话标准，唇音、齿音、舌音、腭音等清晰可辨。

2. 语义明晰　语言表达应含义明确，利于传递信息、相互交流。用词应朴实无华，不要故意附加过多的形容词。多用口语，以免患者听不懂而影响交流。

3. 语法规范　语言符合语法规则。如医务人员在汇报工作，或反映病情，或向患者交代诊治意图，或向患者家属叮嘱事项时，应把人物称谓、时间概念、空间关系及其联系说清楚，把事情的起始、经过、变化与结局讲明白。同时，要注意语言的简洁精练。

4. 语言内容严肃　同患者谈话的内容应与医务工作及帮助患者恢复健康密切相关，切不可谈论患者、自己和他人的生活琐事及其他患者的病情，以免产生不必要的矛盾。

5. 语言丰富生动　医患间的交谈应当理解为一种心理治疗与护理的手段。因此，语言所表达的情感应能体现护理人员对患者的人道主义原则，体现对患者关怀、同情、诚恳、支持的态度与责任感。在语言运用方面，语气要柔和，语态要热情，语调要稍低，语速缓慢些，让患者感到温暖亲切。同时，也应注意仪态稳重端庄，以免引起异性患者的误解。

6. 语言范围适宜　同患者交谈病情要遵守保护性医疗制度，要有一定范围，不可把一切病情全部告知患者。如对癌症患者，病情开始恶化时，不宜告知患者，以免引起患者的紧张恐惧、悲观失望，以致病情加速恶化。

7. 语言文明礼貌　对患者说话时，要多用尊称，文明用语。对患者可用如"老李""张先生"或"王师傅"等称呼，不能叫"某床""某某号"等。

四、交谈的姿态训练

仪表端庄、举止大方、装饰得体、表情自然是医务人员建立良好"第一印象"的基本要素。与患者说话或听患者说话时，要注视对方的眼睛或面部，表示真诚倾听和尊重态度。交谈时，医务人员的面部表情不应过于丰富，手势不宜过多，动作不宜过大。表情平和，举止文雅，双脚平肩宽而立，双手前握自然下垂，固定站立而不要来回走动。

听患者说话时，不要随意插嘴打断患者说话，或加以嘲笑。遇到交谈困难的人，要灵活对待，如对听力差的患者，说话时可以靠近对方的耳朵或说话声音大一些，或用笔写在纸上；对说话困难的患者要耐心倾听，切不可表现厌烦的神情；对胆小的孩子可用童腔与他说话，不要用"再不说就给你打针"之类的威胁话语。交谈时，对患者不应有性别、年龄、相貌和身份的区别，应平等相待，一视同仁。

五、医患交谈模拟训练

（一）示例

1. 交谈情景模拟

刘某，男，23岁，是一名长跑职业运动员，一次长跑比赛中突然摔倒，导致小腿胫骨骨折。医生给他的腿进行了小夹板固定，因为骨折可能会导致刘某的运动梦想破灭，所以他情绪低落，烦躁不安；对医生的治疗行为百般挑别，在医生操作过程中，时不时地高声喊疼，并埋怨医生："怎么搞的，弄得我这么疼……啥技术，你会不会啊……"。小夹板固定后，杨护士走进病房与患者刘某开始了交谈。

刘先生（高声地）："你说，你们医院水平到底行不行，我这腿还有治没治？如果不行，我要赶紧转院！"

杨护士（面带微笑）："刘先生，我知道您很着急，而且我非常理解您。比赛过程中突然胫骨骨折，换上谁都难以接受。我刚才看过您的 x 线片子了，胫骨上只是稍微有点线性裂纹，愈合后不会影响您跑步的。"

刘先生（不耐烦）："得了吧，你不用骗我了，都骨折了还能不影响跑步，三岁小孩才信你话。"

杨护士（微笑）："请您听我说，刘先生，骨折分为好几种类型，您是最轻的一种，你看小腿部皮肤是完整的，而且骨头也没有移位，治疗一段时间就会好的。"

刘先生（平静了许多）："你说的好像有点道理，照你说，我真的还可以重返赛场，继续我的运动生涯？"

杨护士（微笑）："会的，但您一定要配合治疗，而且要进行功能锻炼，我还想看您拿冠军呢。"

刘先生（笑了）："我至今最好的成绩是拿过亚军，腿好以后，我一定要争取拿一个冠军。"

杨护士（微笑）："好了，您休息一会儿吧，不要再想那么多了，您会康复的。我还要再去看看其他病人，我先走了，再见。"

刘先生："谢谢您，小杨护士，有空常来跟我聊聊。"

2. 评价要点

杨护士能在交谈启动时有礼貌地安抚患者，交谈中针对病人担心的问题，按照事先准备的谈话内容帮助患者分析病情。在展开交谈主题时，灵活运用了阐述交谈策略，将骨折的医学知识简单通俗地解释给患者。交谈过程中，护士始终面带微笑，态度温和，赢得了患者的信任。医患双方最终以心情愉悦的心情结束交谈，患者的情绪和态度得以转变，有了再次交谈的意愿，这是有效交谈的结果。

（二）交谈情景训练

（1）患者李某，男，65岁，退休教师，因贫血原因待查入院，医护人员要为她测量体温、脉搏、呼吸、血压等项目。分角色进行医患交谈。

（2）医护人员与一位母亲（企业工人，25岁），就如何预防孩子感冒这一问题进行交谈。

实践一　语言沟通能力训练

一、训练目的

通过角色扮演，体会医护人员与患者的交谈过程，恰当运用语言沟通技巧，并在小组内交流感受。

二、训练准备

（一）用物准备

1. 场地　模拟病房。

2. 道具　医护病案。

（二）环境准备

室内布置整洁、温度适宜、环境安静。

（三）学生准备

1. 衣着服饰（医护人员工作服）洁净大方，举止端庄得体。

2. 熟悉训练目的、训练内容和要求。

（四）案例准备

不同情景的医患之间语言沟通案例

三、训练方法

1. 教师首先对案例内容进行分析讲解，然后将同学分成若干实践组和评议组，每组4—5人。

2. 实践组学生进行角色扮演，评议组学生进行评议。

3. 实践组和评议组互换角色，原评议组进行角色扮演，原实践组进行评议。

4. 角色分配：护士、病人。

5. 语言沟通情景：可安排不同场景，事先设计和准备多种医患交谈情景。

四、语言沟通的情景示例

（一）范例一

某医院门诊，走廊有许多病人等候，在内科诊室门口，有位五十多岁的女患者，询问护士。护患之间围绕着就诊看病的问题进行了交谈。过程如下：

患：请问，这是内科吗？

护：是的，您是看病吧？

患：现在叫到几号？

护：现在已叫到 7 号，您是 23 号，大约要在十点左右安排您。

（大约过了半小时，该患者又来到诊室门。）

患：我等半天了，怎么还没轮到我？

护：大妈，因为看病的人多，请您稍等。

患：姑娘，我已经看了多次病，能给我安排位老大夫看看吗？

护：请您给我看看病历，我尽量给您安排。

（又过了半天）

患：怎么后面的号都看上了，我在前面的还没看上？

护：大妈，可能我叫号您没听见，或者您过号了，请您再等等。我马上就给您重新安排。

患：上次给我看病的黄大夫挺好，这次能找到他吗？

护：我尽量给您安排，今天黄大夫不在，赵大夫看得也很好，请放心。

患：真谢谢你，在哪儿拿药？

护：中药房在一楼东边，西药房在一楼西边

患：药怎么吃法？

护：中药您按说明去服就可以，这消炎药每天 3 次，每次 2 片，口服。

提示：这是一个一般性交谈，护士注重了对方的特点：即中年妇女，身患疾病，心情烦躁、着急就诊。护士注意把握谈话的内容，礼貌待人。

（二）范例二

某日上午，孙护士去给病人李某做基础护理。李某是一位年轻男性，同病室还有其他三位患者。孙护士进病室时，李某正躺在床上。护士走到李某面前，与同病房的其他患者先打招呼。

孙护士：（面对李某）"您好，您今天感觉好多了吗？看起来气色还不错。现在我要给您扫床，请您翻一下身。"

孙护士：（边扫床）"您昨晚睡眠怎样？"。

李先生："我睡得很好。"

孙护士："这些外衣在医院穿不着，请您的家属带回家吧。这些食品您就餐以后放进小桌里，请不要放在桌面上和床旁。桌上放一只暖水瓶和一只水碗就可以了。"

孙护士：（面对大家）"请大家协助我们共同做好病房卫生工作，多谢大家，你们辛苦了！"

病室患者们都微笑着，配合孙护士整理房间。也纷纷向护士讲述自己的病情和感受。

提示：孙护士采用了个别交谈和集体（小组）交谈的方式。交谈的起动阶段，亲切自然。在温馨关怀的询问中，切入谈话主题，收到了良好效果。

（三）范例三

不适当的语言沟通

例1 赵医生和重病患者谢某的对话。

谢某："唉，我的病看来不轻，是不是挺严重啊？一时半会恐怕好不了。"

赵医生："你的病不要紧的，很快就能治好的。别担心，你的病情并不严重，过不久，就可以出院了。"

提示：不符合实际的言论，虚假的承诺，并不能解除患者的忧虑，反而会疏远医患间的距离，甚至导致误解和埋怨。

例2 医生王某来到211病房查房。

患者甲："我今天感觉不太好，好象病情加重了。"

王医生："血压比昨天高了点，你的病情是加重了点，你肯定是昨晚睡前没按时服药！"

患者乙："我也比昨天感觉更不舒服了，是不是又出现啥问题了？我的胸口有点闷，手术的伤口，也更疼了……"

王医生：（打断对方）"不会出现这种情况的，你的病情不可能加重，那是你的幻觉。昨天给你的治疗用药肯定是有效的。"

提示：王医生和患者的语言沟通中，随意打断对方的话，匆忙定论，主观妄言。言谈不慎重，有可能延误病情，容易引起医患纠纷。应采取提问和阐释等方式，了解和说明情况，与患者深入沟通。

五、实践训练及评价

（一）在下列情景中，进行语言沟通，分小组练习

1.病房内一位癌症晚期的患者正在哭泣。该患者并不知道自己的真实病情，只是隐约感觉病情可能较重。患者担心病情恶化，非常忧虑和抑郁。医护人员与该患者进行语言沟通。

2.护士要给某患者进行青霉素注射。在注射时，为分散患者的注意力，减轻患者的疼痛感觉，护士边注射边与患者交流。

3.在儿科病房，医护人员与一位无陪护的小女孩进行交谈。

（二）依据下列事项，对语言沟通训练加以评价

（1）语言交流时的"启动"方式是否恰当。

（2）是否注意到对方的特点（年龄、职业、性别等）。

（3）怎样引出谈话的主题。

（4）语言沟通中态度如何。

（5）沟通中的语言是否精炼得当。

（6）语言沟通技巧运用如何（如交谈中的倾听、提问、核实、阐释等技巧）。

（7）是否运用了其他沟通方式（如非语言沟通等）。

（8）结束沟通是否时机恰当；双方是否感到心情愉悦。

复习思考

1.护理工作中，护士观察患者病情的最佳方法是（　　　）

  A.经常与家属交谈，了解患者病情　　　B.多倾听交班护士的汇报

  C.经常与患者交谈，增加日常接触　　　D.经常查看护理记录

2.患者，男，65岁。慢性肾功能不全尿毒症期患者，常抱怨家属照顾不周。今晨对护士小刘说："你们医院治来治去，怎么也治不好，我不治了！"护士的答复中最合适的是（　　　）

  A."您这样的心情我可以理解，我们也在努力，需要您的配合。"

  B."您这样大喊大叫就不对了，扰乱了病房的秩序，还影响了我们的工作。"

  C."尿毒症是终末期疾病，治愈是不可能的。"

  D."如果不治疗，您的病情会比现在还严重。"

  E."您觉得治疗效果不理想，那就找别的治疗途径呗。"

3.属于开放式提问的是（　　　）

  A."您今天吃药了吗？"

B. "您今天感觉怎么样？"

C. "您是第一次住院吗？"

D. "服药后，您还觉得头痛吗？"

E. "昨天的检查结果是阴性，您知道了吗？"

4. 患儿 3 岁，因细菌性腹泻入院治疗。患儿哭闹不止，拒绝治疗，下列做法不恰当的是（   ）

  A. 允许患儿把喜欢的玩具留在医院　　　　B. 允许患儿用哭喊的方式发泄

  C. 多对患儿进行正面评价　　　　　　　　D. 对患儿拒绝治疗的行为进行批评

  E. 多与患儿进行互动交流

5. 下列哪项不是语言沟通的功能（   ）

  A. 有助于优化人际关系　　　　　　　　　B. 有助于获取信息资料

  C. 有助于提高职业素养　　　　　　　　　D. 有助于参与社会活动

  E. 有助于护理学术交流

6. 下列哪项不是语言沟通的基本原则（   ）

  A. 规范性原则　　　　　　　　　　　　　B. 专业性原则

  C. 情景性原则　　　　　　　　　　　　　D. 尊重性原则

  E. 目标性原则

7. 下列除了哪项都是交谈的特征（   ）

  A. 广泛应用，沟通便捷　　　　　　　　　B. 善用问答，话题多变

  C. 准备充分，称呼恰当　　　　　　　　　D. 注意互动，听说兼顾

  E. 针对动机，目的明确

8. 下列哪项不是演说的特点（   ）

  A. 科学性　　　　　　　　　　　　　　　B. 现实性

  C. 社会性　　　　　　　　　　　　　　　D. 艺术性

  E. 感染性

9. 有关演说题目的叙述哪项不对（   ）

  A. 紧贴主题，以点概面相互呼应　　　　　B. 重点突出，要循序递进

  C. 凸显艺术性，富有情感　　　　　　　　D. 吸引听众，使其好奇

  E. 富有新意，使人耳目一新

10. 下列不属于护理书面语言沟通的医疗护理文件是（   ）

  A. 体温单　　　　　　　　　　　　　　　B. 护理观察记录单

  C. 病室报告　　　　　　　　　　　　　　D. 护理排班本

  E. 医嘱单

第 五 章

非语言沟通

【学习目标】

　　1. 掌握非语言沟通的概念、作用。

　　2. 熟悉非语言沟通的形式和特点。

　　3. 了解合理运用非语言沟通的形式建立良好人际关系。

　　语言是人类最方便快捷的沟通媒介，但不是唯一的。非语言符号是另一种重要的人际沟通方式。非语言沟通是伴随语言行为发生的，是生动的、持续的，可更直观形象地表达语言所不能表达的思想情感，比语言行为更接近事实。

　　非语言沟通在临床医学工作中发挥着不可替代的作用。医院服务对象是患者，很多患者甚至不能用语言来表达自己的感受和愿望，这就需要医护人员充分了解、掌握非语言沟通的特点、规律和作用，更好地利用非语言沟通方式洞察病情，为患者提供服务，提高医疗护理质量，减少医疗纠纷。

案例导入

　　一位急性肠梗阻患者急诊入院。患者被抬进病房，面色苍白、大汗淋漓，非常痛苦，急需手术。此时，接诊护士小李面带微笑地对患者家属说："请不要着急，我马上通知医生为患者检查"。说完不慌不忙地走了出去。

　　思考：

　　1. 李护士接待患者时有何不妥之处？

　　2. 这样接待患者会造成什么后果？

　　3. 如果你是接诊护士，你将如何处理？

第一节 非语言沟通概述

一、非语言沟通的概念

人与人的信息交流除了语言沟通外，还存在着大量的非语言沟通形式。许多不能用语言形容和表达的思想感情，都可以通过非语言沟通来完成。美国传播学家艾伯特·梅拉比安曾提出一个公式：信息的全部表达 = 7% 言语 + 38% 声音 + 55% 肢体语言。充分揭示了非语言沟通的重要性。

非语言沟通是指不以自然语言为载体进行信息传递而是以人的仪容仪表、行为举止、空间距离、面部表情等非语言信息作为沟通媒介进行信息传递的沟通方式。非语言沟通借助非语言符号来传递信息、交流思想、表达情感，以求达到某种目的。非语言沟通是伴随语言行为发生的，是生动的、持续的，可更直观形象地表达语言所不能表达的思想情感，比语言行为更接近事实。非语言行为在沟通中可以起到支持、修饰、替代和否定语言行为的作用，具有较强的表现力和吸引力，又可跨越语言不通的障碍。

二、非语言沟通的特点

案例导入

沙扬娜拉——赠日本女郎

徐志摩

最是那一低头的温柔，

像一朵水莲花不胜凉风的娇羞，

道一声珍重，道一声珍重，

那一声珍重里有蜜甜的忧愁——沙扬娜拉！

我国现代诗人徐志摩创作的文学作品《沙扬娜拉——赠日本女郎》。全诗共五句，每一句都没有名词性主语，全由描述性句子构成，描述一种瞬间的神态，尤其"最是那一低头的温柔"，用女子的体态感受"像一朵水莲花不胜凉风的娇羞"，一语道出了女子柔弱的美丽，成为文学史上的经典。

可见，非语言沟通在人际沟通中具有不可替代的特殊地位，是由它的特点决定的。非语言沟通主要有以下特点：

1. **本能性** 非语言行为是个人对外界刺激的本能反应，基本是无意识的直接反应。弗洛伊德说过，没有人可以隐藏秘密，假如他的嘴唇不说话，则他会用指尖说话。

2. 普遍性 非语言沟通的运用是极为广泛的，即使是在语言背景差异很大的情境中，人们也可以通过非语言信息了解对方的想法和感觉，实现有效的沟通。无论哪个国家，哪个民族，无论男女老少，都可以用同样的非语言符号来表达同一种情感。例如人们用笑来表达高兴和喜悦的心情，用哭来表达痛苦和悲伤的情绪。

3. 持续性 非语言沟通是一个不间断的过程。在人际交往中，自始至终都有非语言载体在自觉或不自觉地传递着信息。可以说，从沟通开始，双方的仪表、举止就传递出行为者的有关信息，双方的距离、表情、身体动作就显示着各种特定的关系。

4. 真实性 非语言行为比语言行为更能够传递信息的真实含义。一个人的非言语行为更多的是一种对外界刺激的直接反应，往往是无意识的，不像语言沟通中词语的选择可以有意识地控制。英国心理学家阿盖依尔等学者的研究表明，当语言信息和非语言信息传递出不同的甚至矛盾的信息时，通常非语言信息更能准确地表达说话者的真实感情，人们更相信非语言符号所代表的意义。

5. 情景性 不同的沟通情境左右着非语言符号的含义。相同的非语言符号，在不同的情境中，会有不同的含义。同样是拍桌子，可能是"拍案而起"，表示怒不可遏；也可能是"拍案叫绝"，表示赞赏至极。同样是哭泣，既可以表达悲伤、生气、委屈；也可以表达幸福、高兴、满足、感激等完全对立的情感。因此，在实际运用中，只有联系具体的沟通情境，才能了解其确切的含义，使非言语符号运用更准确、适当。

6. 模糊性 非语言沟通的模糊性是由沟通双方共同造成的。一种情况是由于行为举止本身的不明确，比如，微笑可能表示友善，可能是表示紧张，可能意味着满不在乎，也可能只是因为心里想到了一件愉快的事。另一种情况是由于接受者的理解，对于同一个表情动作，不同的接受者会理解成不同的含义。某种动作究竟表示什么思想感情，只有当事人自己知道。

三、非语言沟通的作用

在人际交往中，非语言沟通具有非常重要的作用，主要体现在以下五个方面：

1. 表达情感 久别重逢的朋友，紧握对方的双手、紧紧拥抱对方，以此来表达激动、愉悦的心情。临床实践中，医生、护士、患者及其家属也常常通过非语言沟通来表达内心情感。例如母亲在患儿身边紧皱眉头、满眼泪水、传递出她内心的焦虑和恐惧；护士紧握患者的手表示安慰和鼓励；对年老体弱者主动搀扶一把；对进行康复锻炼的患者投以鼓励的目光，此时虽没有语言行为，但却更能让患者感到安慰，得到鼓励。同样，患者一个赞许的目光、手势也可以使医护人员消除身体疲劳，感受到工作的价值。

2. 显示关系 面带微笑、声音柔和传递的是友好和热情的关系，而冷漠的面孔和生硬的语调传递的则是疏远的关系。如在护理工作实践中，护患沟通时护士靠近患者坐着，这种体位显示了双方比较平等亲切的关系。另外，非语言信息可以准确地传递身份地位亲疏关系，如参加宴会时人们很容易从宴席的落座位置判断宾主的关系。

3. 调节作用　非语言符号时常用来协调和控制人与人之间的语言交流状态。如点头、摇头、注视、皱眉、变换体位等，都从不同侧面动态地暗示交谈者调节沟通的节奏。例如护士在倾听患者诉说病史病情时，若微笑着点头，便表示鼓励患者继续说下去，若频繁地看手表，则暗示患者该停止谈话了。又如护士为患者进行健康教育时，患者总是东张西望，说明患者对交谈的内容听不懂或不感兴趣，此时应及时转换话题或暂时停止沟通。

4. 验证信息　人们常常通过观察对方的表情、眼神、动作行为来获得一些信息。如患者通过护士的非语言行为来判断医生对其病情的真实想法，焦急等待手术结果的患者家属，通过观察医生护士进出手术室的面部表情、步态获得一些信息线索。同样，护士在观察患者时，也应注意其语言和非语言信息表达的情感是否一致，从而掌握患者的真实情况，实现有效沟通，提高服务质量。

5. 补充替代　在人际沟通中，人们遇到词不达意或难以言表的时候，需要使用非语言行为来辅助或弥补语言的局限，使自己的意图得到更充分更完善的表达。

第二节　非语言沟通的形式

　　一直以来人们运用非语言符号传递信息、沟通思想、交流感情。心理学家研究发现，人的面部表情大约可以表现出 25 万种不同的信息，学校老师在课堂有 7000 多种手势，这些非语言符号都有着丰富的含义。"此时无声胜有声"、"抒情何必三寸舌"，一个眼神、一个动作都是表现内心情感的绝好手段。非语言沟通的表现形式多种多样，非语言符号表达的含义纷繁复杂。根据非语言符号的不同表现形式，将非语言沟通的形式概括为动态语言、静态语言和辅助语言与类语言三大类。

一、动态语言

（一）首语

　　也称头语。是通过头部活动表达信息的沟通方式。通常点头表示赞同，摇头表示否定。

（二）手势

　　是通过手的动作表达信息、传递情感。手势是体态语言的主要形式。手势使用频率高，形式多样，因而有较强的表现力和感染力，能准确表达人们丰富多彩的思想感情。
　　手势纷繁复杂，可将其归纳为情意手势、指示手势、象形手势与象征手势四大类。情意手势用以表达感情，使抽象的感情具体化、形象化，如挥拳表示强化内心情感，挥手表示再见等。指示手势用以指明人或事物及其所在位置，从而增强方位感和直观感。象形手势用以模拟人或物的形状、大小、高度等，给人以具体明确的印象，这种手势常略带夸张，只求神似。象征手势用以表现某些抽象概念，以生动具体的手势辅助对有声语言的理解。

（三）面部表情

案例导入

　　一名烧伤昏迷患者入院。护士为其插鼻导管时，发现患者双眉紧锁，表情痛苦，头偏向对侧，拒绝给氧，于是立即停止插管。经检查发现患者呼吸道烧伤，因鼻导管刺激鼻粘膜，感到不适与疼痛，通过面部表情表现出来，由于护士的细心观察，及时发现问题减轻了患者的痛。

　　面部表情是人类情绪情感的表露，给人直观的印象，能感染人、影响人，是有效沟通的世界通用非语言符号，不同国家或不同文化的人对面部表情的理解具有高度的一致性。人类的各种情感都可以非常灵敏地通过面部表情反映出来。面部表情的变化是十分迅速、敏捷和细致的，能够真实、准确地反映感情，传递信息。面部表情是身体语言的一种特殊表现。研究表明，在解释相互矛盾的信息时，人们更加看重的是面部表情而不是语言内容。许多细微复杂的情感，都能通过面部表情来传递，并且能对口语表达起解释和强化作用。同样是笑，微笑、憨笑、苦笑、奸笑，在嘴、唇、眉、眼和脸部肌肉等方面都表现出许多细微而复杂的差别。因此，要善于观察面部表情的各种细微变化，并且要善于灵活地驾驭自己的面部表情，使面部表情能更好地辅助和强化口语表达。

（四）眼神

　　眼睛，是心灵的窗户。它能表达许多语言所不易表达的复杂而微妙的信息和情感。眼神与语言之间有一种同步效应。通过眼神，可以把内心的激情、学识、品德、情操、审美情趣等传达给别人，达到互相沟通的目的。不同的眼神，给人以不同的印象。眼神坚定明澈，使人感到坦荡、善良、天真；左顾右盼，显得心慌意乱；翘首仰视，露出凝思高傲；低头俯视，露出胆怯、羞涩。眼神往往能透露人们真实的内心和隐秘的情感。

（五）触摸

　　即人体接触。是人与人之间通过接触抚摸的动作来表达情意传递信息的一种非语言行为。包括抚摸、握手、搀扶、拥抱等。美国哈佛医学院精神病学教授约翰·瑞特伊解释人体接触的重要性时说"人类对触摸和被触摸有一种本能的需求，它是驱动人类开发与改造世界的动力之一。"人体接触是人们通过身体接触来感知世界的沟通方式，也是一种最有力和最亲密的沟通力量。人体接触可以起到语言无法表达的作用，也可以跨越语言和文化界限传递各种信息。触摸有以下几方面的作用：

1. 有利于儿童生长发育　根据临床观察结果，触摸对儿童的生长发育、智力发育及良好性格的形成具有明显的刺激作用。目前运用较多的是新生儿抚触。

2. 有利于改善人际关系　在人际沟通过程中，沟通双方的人体接触程度可以反映双方在情感上相互接纳的程度。

3. 有利于传递各种信息　人体接触传递的信息有时是其他沟通形式所不能替代的。如护士触摸高热患者的额头，传递出护士对患者的关心和对工作负责的信息。

二、静态语言

（一）仪容

仪容是指人的外貌或容貌。通常是由发型、面容以及人体未被服饰遮掩的肌肤所组成。"质于内而形于外"，注意仪容修饰既是自尊自爱的表现，也是尊重他人的表现。护士仪容要求端庄、大方、整洁、得体。面部应干净整洁，日常工作、生活可着淡妆，切忌浓妆艳抹。发型符合工作特性与职业的需要。一般情况下应该选择端庄、文雅、适宜工作环境的发型。不要选择过于前卫或可能影响操作的发型，也不要把头发染成艳丽的流行色。此外，还应做好自身头发的日常护理，勤洗发，勤整理，保持整洁。

（二）仪表

是人的外表。仪表的协调，是指一个人的仪表要与年龄、体形、职业和所在的场合相吻合，表现出一种和谐，这种和谐能给人以美感。在人际交往的初级阶段，仪表最能引人注意，它不仅给人视觉上的享受，也给人人格上的尊重。护士高雅大方的仪表既能维护个人和医院的形象，也能给患者以庄重、亲切、信赖的感觉。

知 识 链 接

帽子与非语言沟通

帽子是文化的载体。在英国，帽子的作用远不止于防晒和保暖，它同时是一种配饰，适用于很多庆典场合。它更是一个人的职业、宗教信仰和社会地位的象征。戴帽不仅是礼仪上的要求，更是身份的象征。英国的淑女们利用帽子恣意表达求新、追求时尚的态度。女士帽种类繁多，有罩着轻纱的，有插羽毛的，还有的只有巴掌大小。不同的式样、不同的戴法也很有讲究。参加各种活动，包括婚礼、葬礼、生日聚会，甚至看歌剧、看演讲、看划船比赛，都要戴帽子。男士戴帽也是绅士风度的象征之一，最典型的就是波乐帽（Bowler Hat）。戴一顶黑色又新又挺直的波乐帽，能体现出一个英国男子良好的社会地位。男士到朋友家做客，进屋后要首先脱下帽子。在街上遇到熟人，要脱帽施礼，以示尊敬。

（三）距离

在此特指人际距离，是指人与人之间的空间距离。在人际交往中，处于不同的空间距离，体现出不同的人际关系，传递不同的信息。尊重人们对空间距离的要求，有利于缓解心理压力、提高沟通的有效性和舒适感。

人际距离的划分：美国学者 E.T. 霍尔提出了距离学的理论来阐述 人际距离影响沟通的问题。根据人与人之间空间距离的长短他把人际距离划分为四个区域：

（1）亲密距离：空间距离为 0 ~ 0.46m，在这个区域内交往的人，彼此关系是亲密的，一般是家人、情侣之间沟通时的距离。

（2）熟人距离：空间距离为 0.46m ~ 1.2m 之间，一般是朋友、同事、同学、关系融洽的邻居、师生等进行沟通时的距离。

（3）社交距离：空间距离为 1.2m ~ 3.6m 之间，通常正式社交活动、外交会议时人们保持这种距离。

（4）公共距离：空间距离一般在 3.6m 以上。在公共场所人与人之间的距离就属于这个区域。

（四）时间

作为非语言沟通的形式是人们可以根据沟通者对待时间的态度来判断其性格、观念、做事方式，从而达到有效沟通。不同民族不同文化的人对时间的态度可能会有所区别，但对于守时都认为是诚信的表现。

（五）环境

环境也能传递不同的信息。在熟悉的、非正式的环境中沟通可以轻松愉快地进行，如与亲朋好友在家庭环境中交谈。在陌生的、严肃的环境中沟通可能会产生紧张情绪，如公务谈判、面试、领导找下属谈话。

自然环境条件也直接影响沟通效果。如房间光线昏暗，沟通者看不见对方的表情，室温过低或过高以及难闻的气味等，会使沟通者精神涣散，注意力不集中。简单庄重的环境布置和氛围，有利于集中精力进行正式而严肃的会谈，但也容易使沟通者感到紧张压力。色彩亮丽活泼的环境布置，可使沟通者轻松愉快，有利于随意交谈。

三、类语言与辅助语言

类语言是指有声音而无固定语意的发声，如呻吟声、叹息声、哭泣声、笑声等。辅助语言是指声音的音调、音量、节奏、变音转调、停顿、沉默等。在沟通过程中，类语言与辅助语言起着十分重要的作用，由于说话者的音调不同，同一句话的语意就截然不同。在日常生活中，我们往往能够单凭说话者的声音就可大致判断出他的性格特点、情绪状态、心情状况。在临床工作中学会识别患者类语言、辅助语言的含义，有助于更好地为患者服务。

第三节　非语言沟通的策略

非语言沟通可以替代语言交流，辅助语言沟通，美化人的形象，获得语言沟通所达不到的效果。但是非语言沟通也只能通过人的主观感觉来体会沟通内容的内涵，它受到沟通对象、环境、文化、民族等多方面因素的限制，运用不当，不但收不到预期的效果，反而会弄巧成拙。因此，如何去理解和运用非语言沟通，是我们人际沟通中必须引起重视的。一般而言，非语言沟通运用策略应注意以下几个方面：

一、通俗准确

眼神、表情、姿态等的含义有些是人们约定俗成的，有些则是因特定情境而定的，所以它的使用有一定的时空范围。同样一个肢体动作在不同的民族，不同的国度，不同的时代，有着不同的含义。例如，当我们伸开食指和中指时，一般是表示数目二。自从英国首相丘吉尔利用这个手势表示"Victory"后，几乎全世界都用这个手势表示"胜利"及"和平"。所以，准确地运用体态语言，就必须根据表达内容的需要，既要通俗易懂，又要注意时代特征和一定的社会习惯。

二、协调自然

受口语所制约的体态语言，应该与口语表达配合协调默契，如果体态语言的表达与口语表达互相错位，用得太早或太迟，都会显得滑稽可笑。只有协调各种动作姿势，并与其他非语言动作如眼神、面部表情、手势紧密配合，使各种表现手段协调一致，才能达到良好的沟通效果。

三 、温和适度

非语言沟通要做到端正、高雅，符合生活美学的要求，符合大众的审美心理，就要把握适度。凡事"过犹不及"，优美的举止总是自然适度的。超过一定限度，就会发生质变，由美变丑。例如，手势动作不可过大或过小，过大显得张牙舞爪，过小又显得"缩手缩脚"。

服饰、举止也应该适度，如果蓬头垢面，衣着随便，鞋帽肮脏，举止粗鲁，势必使人反感。而服装与身份、职业、环境背离，过分追求华丽也会引人非议。

四、灵活应变

在人际沟通中，我们会碰到一些意想不到的事情，例如自己发言失态、对方反应不如预料的好，或是周围环境出现了没有考虑到的因素等。尴尬状况的出现，往往是刹那间的事情，如果缺乏镇静，大惊失色，就会更加手足无措，乱上添乱。要做到在心理上保持平衡与稳定，神色不改，镇静自若地面对出现的问题。不动声色，才有可能巧妙机智地应付尴尬。

第四节　非语言沟通的意义

在临床护理工作中非语言沟通对建立和维护良好的护患关系、医护关系、护际关系有着非常重要的作用。准确理解沟通对象的非语言行为，能够获得更准确的沟通信息，对促进良好人际关系建立和促使患者遵从治疗方案配合等起着非常重要的作用。

一、有利于建立良好的护患关系

医院的医疗护理设施、疾病的不适症状使患者和家属产生极大的恐惧和不安。患者有时认为医护人员对他们的病情告知不是完全诚实的，为减轻这种焦虑，患者和家属会特别留心周围环境的信息和医护人员的非语言暗示，并以此作为患者检查治疗效果的推断。如焦急等待手术结果的患者家属通过观察医护人员进出手术室的表情、步态来推测患者手术状况；等待病理检查报告的患者通过观察医护人员眼神、面部表情、语速来推测肿瘤的良恶性质等。

在护理工作实践中，护士也可以通过患者的非语言行为来了解患者的病情和心理状态，增进与患者的沟通和交流并适当调整沟通方式以期达到更好的治疗效果。如有经验的护士通常可以通过婴儿的啼哭声、表情、身姿来判断患儿是否出现病情变化或是有何生理需求；对于昏迷患者、聋哑患者护士也主要通过其表情动作判断治疗效果并及时报告医生调整治疗方案。

因此，正确理解运用非语言沟通方式能建立良好护患关系，有利于提高患者的满意度和配合程度，创造积极的护患关系，为顺利开展护理工作有较为重要的意义。

二、有利于建立良好的医护关系

医护关系是医生与护士在为患者提供治疗和护理服务时所形成的一种互动关系，其共同目的是为患者的健康服务。医护人员由于工作较为繁忙，没有更多时间进行语言沟通交流。在这种情况下，非语言沟通就有着不可或缺的作用，能增进医护间的相互理解、支持与配合。在一些紧急情况下，医护人员之间的一个眼神、一个手势都可以达到传递信息的目的，如抢救危重患者时，为争分夺秒挽救患者生命，医护人员之间常通过快速眼神交流或点头示意等表情动作进行沟通。因此，非语言沟通也是建立良好医护关系的重要途径。

实践二　非语言沟通角色模拟训练

【训练目标】

1.通过实践训练熟练掌握非语言沟通的形式及其在护理工作中的运用。
2.通过实践训练熟悉非语言沟通的特点及其在护理工作中的运用。

【训练准备】

1.训练方式：临床情景模拟，角色扮演
2.地点：教室（布置为模拟病房）
3.分组：4～6人一组
4.角色：分别轮流扮演医生、护士、患者、患者家属等
5.道具：医护服饰、体温计、听诊器、桌椅、床、水杯

【训练内容】

沟通训练一

小李是正在ICU病房的实习护士。一天晚上ICU的工作非常繁忙，小李和其他医护人员辛苦了整整一夜，凌晨时她非常疲惫。第二天早晨回到护士站，一位患者家属前来打听患者病情，小李趴在桌子上，头也不抬地告诉患者家属，自己下班了，问其他护士去⋯⋯

1.讨论此案例，指出小李不当的非语言沟通形式，确定正确的非语言沟通形式。
2.情景模拟训练，两人一组，角色互换反复模拟。
3.小组讨论。每个同学说出扮演护士和患者家属的不同感受。

沟通训练二

一位阑尾炎患者被家属搀扶到普外病房，在此之前，科室已接到电话通知，知道患者马上就到。只见一位护士快步迎上来，面带微笑，轻轻点了点头，说"您好，欢迎您到我们医院。请跟我来。"然后与家人共同搀扶患者来到病室，安排好床位。以下是迎接患者

时体现的非语言沟通内容：

1. 护士见患者表情痛苦，手按腹部，得知患者病躯疼痛，护士蹲下身来，为患者脱掉鞋子，扶其上床，给患者盖好被子。此时，患者出了一口长气，以示轻松。

2. 护士用手抚摸患者的额头，又握着患者的手，测了脉搏、体温和血压。

3. 护士的视线始终与患者视线接触，此时患者用手指了指桌子上的水杯，还未等家属过来，护士已将水杯递到她手里。患者面露感激，说了声"谢谢"。

同学分组分角色模拟表演。

沟通训练三

请站在一个空房间的中央，让一个同学慢慢走近你。当对方和你的距离近到使你感觉不舒服的时候，就请其停下来。再让他或远或近地移动调整，直到找到一个你觉得舒服的距离。这就是你的个人心理安全缓冲区。

1. 讨论如果是不同年龄、性别的人慢慢走向你，这个缓冲区会有所不同吗？

2. 把你的结果和做过该练习的其他人作一下比较，是否有所不同？你认为是什么原因造成了这些不同？

3. 测试和别人的缓冲区。比如，当你排队的时候，或在电梯里和公交车上站得离别人太近，别人会有什么反应呢？（请谨慎进行测试，最好找同性作为测试对象）

复习思考

1. 护士与患者交谈时的距离为 0.46～1.2m，此距离属于（　　　）

  A. 亲密距离　　　　　　　　　　B. 熟人距离

  C. 社会距离　　　　　　　　　　D. 安全距离

  E. 演讲距离

2. 静态非语言沟通关于护士仪表的叙述，不正确的是（　　　）

  A. 护士的衣着应平整、简洁、大方　　　B. 仪容清新素颜

  C. 可简单地化淡妆　　　　　　　　　　D. 护士的姿态应体现护士的高傲品质

  E. 护士的步速快、步幅小而均匀

3. 沟通中护士的面部表情应不包括（　　　）

  A. 在倾听患者主诉时，表现专注和友好

  B. 抢救患者时，表情凝重

  C. 在任何情况下都不能表现出不满或气愤

  D. 面对疼痛的患者应微笑

  E. 对疾病缠身的患者表现出关注和抚慰

4. 非语言沟通不包括（　　　）

    A. 手势   B. 眼神

    C. 面部表情   D. 健康教育

    E. 身体姿势

5. 下列哪项不属于非语言交流（　　　）

    A. 倾听   B. 面部表情

    C. 倾诉   D. 专业性皮肤接触

    E. 沉默

6. 对非语言沟通理解正确的是（　　　）

    A. 反应时间的快慢可影响个体的舒适感

    B. 环境因素不能影响信息的传递

    C. 反应时间的快慢可反映个体对交流的关注程度

    D. 空间效应可反映个体对交流的关注程度

    E. 环境因素可反映个体的舒适感

7. 对非语言沟通理解正确的是（　　　）

    A. 都是无声的   B. 都是无意识的

    C. 可以是有声的   D. 在交流中不起关键作用

    E. 都是有意识的

8. 非语言沟通的特点是（　　　）

    A. 持续性   B. 局限性

    C. 专业性   D. 生动性

    E. 多变性

9. 语音抑扬顿挫属于（　　　）

    A. 动态语言   B. 静态语言

    C. 辅助语言   D. 类语言

    E. 时间语言

10. 现代意义上的沟通，就是人们为着某种交际目的，所进行的信息传递与接收的过程。这种信息可以是（　　　）

    A. 有声语言信息   B. 文字信息

    C. 体态语言信息   D. 非语言信息

    E. 以上都正确

11. 老同学、老同事之间的人际距离一般是（　　　）

    A. 0.46 米以内   B. 2.0 米以内

C. 1.2–3.6 米   D. 3.6 米以上

E. 0.46–1.2 米

12. 下列哪项不属于非语言沟通的作用（   ）

A. 验证信息   B. 词必达意

C. 显示关系   D. 调节作用

E. 表达情感

医患关系与医患心理

第一节　医患关系

　　医患关系是社会人际关系的重要组成部分，是医务人员与病人在医疗过程中产生的特定医治关系，是医疗人际关系中的关键。

　　医患关系的实质是"利益共同体"，医患双方有着"战胜病魔，早日康复"的共同目标。随着经济社会的发展和生物 – 心理 – 社会医学模式的转变，医患关系的内涵得以扩展，医患关系也发生了一些新的变化。

一、医患关系

　　医患关系是医学诊疗活动中最重要、最基本的人际关系。医学诊疗活动中始终涉及两类当事人，即医务人员和患者，这两类人的关系构成了医患关系。

（一）医患关系的含义

　　含义有狭义和广义之分。医的含义：狭义上指医疗机构中的医务人员；广义上指各类义务工作者、卫生管理人员及医疗卫生机构，还包括医学教学工作者。患的含义：狭义上指患者和家属亲友及相关单位利益人；广义上指除医以外的社会人群。

（二）医患关系的特征

1. 医患关系以医疗活动为中心、以维护和促进患者身体健康为目的　是一种工作关系，以治疗疾病、维护和促进健康为目的的医疗活动，是医患沟通的核心内容。

2. 医患关系是一种帮助性的人际关系 医护人员具备专业知识和技能，处于帮助者的地位，患者处于被帮助者的地位。

3. 医患关系是以患者为中心的人际关系 一切医疗过程和医患沟通过程都要作用于患者，并以解决患者健康问题为目的，因此，对医患关系的评价应以其对患者的作用和影响为标准。

二、医患关系模式及意义

医患关系模式是指在医学实践活动中医患双方的行为方式。它是根据在医学诊疗计划的制订和执行过程中医生和患者之间的关系来确定和划分的。目前被世界医学界广泛接受的医患关系模式是 1956 年美国学者萨斯（T.Sxas）和霍华德（M.Hohade）提出的萨斯 – 霍华德模式（表 6.1）。此模式以医患互助、医患双方的地位、主动性的大小将医患关系分为以下三种基本类型。

表6.1　萨斯 – 霍华德医患关系模型

类　型	医生地位	患者地位	运用范围	类似关系
主动 – 被动型	有权为患者做什么	被动接受做什么	危重急症无意识患者	父母与婴儿
指导 – 合作型	告诉患者做什么	要求合作做什么	急重有意识者	父母与青少年之间
共同参与型	医患一起做什么	医患主动成为伙伴关系	慢性病略懂医者	成人之间

（一）主动 – 被动型

这种模式是反映患者置于被动地位，而医生处于主动的主导地位的一种模式，常用于手术、麻醉、抗感染治疗等技术。对休克、昏迷、某些精神疾病、智力严重低下等病，这种模式是适合的。在这种模式之下，医生为患者做某事，患者就好像是不能自助的婴幼儿，医生则形同他们的父母。

（二）指导 – 合作型

这是一种一方指导，另一方配合的有限合作模式。按照这个模式，在临床实践活动中，医生的作用占优势，医生告诉患者做什么，同时又有限度地调动患者的主动性。也就是说，在这个模式中，医生是主角，患者是配角，很像父母 – 儿童。目前临床上的医患关系多属于此种模式。

（三）共同参与型

这是一种以平等关系为基础的医患关系模式，双方有近似的同等权利，从事于双方都满意的活动，在临床实践中强调医生和患者都处于平等地位，医生帮助患者自助，是一种同志或朋友式的相互依存，相互需要和相互作用的民主关系，都具有治好疾病的共同愿望和要求，很像成人－成人的关系，在大多数慢性疾患中可以见到这种关系。

医患关系的实质是"利益共同体"。因为"医"和"患"不仅有着"战胜病魔、早日康复"的共同目标，而且战胜病魔既要靠医生精湛的医术，又要靠患者战胜疾病的信心和积极配合。对抗疾病是医患双方的共同责任，只有医患双方共同配合，积极治疗，才能求得比较好的治疗效果。医患双方在抵御和治疗疾病的过程中都处于关键位置，患者康复的愿望要通过医方去实现，医方也在诊疗疾病的过程中加深对医学科学的理解和认识，提升诊疗技能。在疾病面前，医患双方是同盟军和统一战线，医患双方要相互鼓励，共同战胜疾病。

在医疗活动中，建立良好的医患关系具有重要的意义：

1. 良好的医患关系能保障医疗工作的顺利开展 医患关系稳定、和谐使医患双方能保持及时的信息交流，有利于医疗工作的顺利开展。医生在诊断方面：有充分的信息交流，更容易收集准确的病史资料。在治疗方面：患者依从性高，遵从医嘱是治疗成功的关键之一，而疾病的防治往往涉及改变患者的生活习惯，没有患者的合作是难以获得预期效果的。

2. 良好的医患关系可以造就良好的心理气氛和情绪反应 医患双方增进了解，心情舒畅，可减轻患者因为疾病所造成的心理应激，具有心理治疗的作用，消除或减轻患者的疾病。有良好的医患关系，医生的医疗活动充满生气，并能从中得到更多的心理满足，有益于保持与增进医护人员的心理健康。

三、医患关系遵循的原则

医患关系是围绕着疾病的诊疗而形成的，也只应局限于求医和提供医疗帮助的过程，不能发展任何超出此范围的人际关系。为了建立良好的医患关系，医务人员应该注意遵循以下原则：

1. 相信医患之间可以建立彼此信任的关系，患者是可以交流、沟通的。

2. 不以医务人员本人的价值取向评判患者的价值观和生活态度，尊重患者的人格、信仰和文化。

3. 从生理－心理－社会的医学模式出发，充分理解患者的疾病行为和情绪反应。

4. 在诊断和治疗过程中，以人文关怀的态度给患者切实的医疗帮助。

5. 理解医患关系是一个动态的关系，医生应根据情况适时做出调整。

四、建立和谐医患关系的策略

（一）加强政府职能是构建和谐医患关系的重要基础

加快卫生事业发展，努力解决人民群众"看病难、看病贵"问题。当前医疗卫生行业中存在的主要矛盾是人民群众越来越高的医疗健康需求与相适应水平的医疗服务供给不平衡之间的矛盾，集中表现为"看病难、看病贵"。尽管目前公立医院占据主流，但大多数医院的正常运行与发展主要靠医院医疗服务收入，这种机制就会造成医院过分注重经济效益，而未真正地把社会效益放在首位。加强以政府为主导，改革医疗服务体制，完善公立医院运行机制。要构建和谐医患关系就必须坚持卫生事业为广大人民群众健康服务的宗旨和公益性质，加强政府对医疗服务行业的监管，大力发展农村和社区医疗卫生服务事业并不断提高其服务水平与质量，解决"看病难、看病贵"，为构建和谐医患关系打下坚实的基础。

（二）提升医疗质量是构建和谐医患关系的生命线

医疗是一个高风险的行业，人命关天，对各项操作规范、工作程序的要求相当高，所以说医疗质量是确保患者安全就医的前提，是构建和谐医患关系的生命线。作为医疗机构，应该把提高医疗质量作为工作的重中之重。只有真正将各项医疗制度、规范落到实处，才能保证医疗服务的安全性和有效性。必须严格执行医疗卫生管理法律文件和医务人员职责，重点落实医院既有的医疗质量管理制度，特别是医疗质量和医疗安全的核心制度，进一步加强医务人员"三基三严"（基本理论、基本知识、基本技能、严格要求、严谨态度、严肃作风）的培训和考核，定期专题研究提高医疗质量和保证医疗卫生安全的工作，不断改进医疗质量管理薄弱环节，加强业务水平培训，始终把质量管理的重点落实到患者满意的服务理念上，只有医疗质量提高了，医疗安全有了保障，患者对医院的信任度才能提高，才能更好地构建和谐医患关系。

（三）加强医患沟通是构建和谐医患关系的重要措施

1. 医疗机构应采取的措施 医疗机构要对医患关系从形式、渠道、内容、技巧、效果、考核等方面进行规范管理。医务人员要有诚信，对患者或家属要尊重，具有同情心和耐心，多听患者的询问，多向患者介绍病情、治疗效果、用药和检查目的，关心患者在就医过程中的生活或不便；及时掌握患者的病情变化、医疗费用情况和患者的社会心理；留意沟通对象的情绪、受教育程度和对沟通的感受、沟通对象对疾病的认知度和对沟通的期望值；避免强求患者接受、避免使用刺激性语言或词语、避免使用患者不懂的医学专业词汇、避免强求改变患者的观点和避免压抑患者情绪。进行预防为主的针对性沟通、互换对象沟通、集体沟通、书面沟通、协调同意沟通、实物对照比喻沟通。通过全方位、多层次、多视角的医患沟通，有效提高服务质量，及时化解医患矛盾和纠纷，增强患者对医院的信任度和对医务人员的理解。医院要通过建立和完善医患沟通制度、投诉处理制度，及时受理和处理患者投诉，定期收集患者对医院服务中的意见，及时改进。医务人员要充分尊重和维护患者的知情权、选择权，要体恤患者的痛苦，同情患者的困难，尊重患者的想法，打消患者的顾虑，努力让患者获得身心的健康。

2. 建立医疗告知制度，增加医患之间的相互了解和信任 医院要开展医疗服务信息公示，坚持住院患者费用清单制。大力推行"以患者为中心"的医疗服务新模式，应做到：

（1）"五个明白"：让患者明白诊疗收费标准、药品价格、自己的病情、需做何种检查、自己的诊疗医生。

（2）"五个知道"：让患者知道诊疗程序、诊治专家、手术应履行的手续、诊治项目和价格、服务承诺。

（3）"五个放心"：让患者对检查、诊疗、用药、收费、服务都放心。

此外，医院要主动加强与媒体的沟通，通过媒体向社会介绍医院的发展，宣传医生的医术、医德，提高患者对医院的信任度，营造有利于和谐医患关系的舆论氛围。

（四）和谐的内部环境是构建和谐医患关系的重要保障

构建和谐医患关系不仅是医院管理和政策方面的事情，更重要的是，每天直接服务患者的医务人员如果没有高度的责任心和良好的医德医风，构建和谐医患关系就是一句空话。因此，要构建和谐医患关系，还需要关注医务人员的切身利益，充分调动和发挥医务人员的主动性、积极性。一是要增强员工的主人翁意识，培养员工的责任感和归属感，建立和谐的内部环境。二是要维护员工的利益，增强员工的凝聚力，使他们感受到医院的关怀和温暖，促进他们将这种感受化作对患者的关心与热情，落实到为患者服务当中去，共建和谐的医患关系。三是要加强医务人员之间的团结协作，营造一个良好、和谐的工作环境。

（五）人性化服务是构建和谐医患关系的实现形式

随着我国加入 WTO 和医疗服务事业多元化发展，医疗服务体制正面临着一次革命性的变革。在日趋激烈的医疗市场竞争中，患者就医时不仅仅关注医院的医疗水平，而且更加关注医院的人性化服务。医院除了拼技术、拼设备等硬实力外，不能忽视管理模式和服务水平等软实力的竞争。如何将人性化理念融入医疗服务与管理的全过程，改变以往"患者来医院是看病，医院对患者只管治病"的陈旧观念，树立医疗对象是"人"，其次才是"病"的现代医学模式，将是现代化医院建设和管理的重要课题。医院应针对如何尊重、理解、关怀患者等方面采取措施，寻求服务创新点，通过人性化服务不断提高人民群众对医院的满意度。医务人员应不断提高情商，感知人性、情谊，了解人的整体性，以尊重人的尊严及追求人的完整性作为基点，诚心诚意为患者服务，从而实现和谐的医患关系。

第二节　医患心理

一、医护人员在医疗中的心理

医护人员的工作对象与社会中其他无生命的工作对象不同，医护人员要面对的是一个个鲜活的生命，是一个个有思想、有情感、有欲求的生命。因此，医护人员的工作有着自身特殊的人格心理特征。

从现实看，影响医患关系的主要因素之一是医护人员的心态。由于医护人员的医学观点、思想修养、文化背景等不同而形成了不同的心态。医护人员心理可分为积极型和消极型两类。

（一）医护人员的普遍心态

1. 积极型心理

（1）尽责心理：医护人员把诊治疾病作为对病人应尽的责任。其最大的愿望是尽各种努力恢复病人的健康。医护人员总是力求得到病人的合作和参与。当病人的生命遇到危险时，医护人员会竭尽全力去抢救。

（2）同情心理：医护人员对病人怀有深切的同情心，看到病人痛苦，就不由自主地产生救治的愿望。医护人员对病人服务热情周到，言语亲切，解释耐心，工作细致，能急病人所急、帮病人所需。

（3）创新心理：医护人员在医疗过程中，注重对各种因素进行分析，对病人的诊断、治疗方案进行深入研究，善于解决疑难问题。他们勤奋好学、精于钻研，不拘泥于前人的经验和观点，往往能创造出许多医学上的奇迹，同时推动诊疗技术的进步。

（4）自信心理：优秀的医护人员有经验，对自己的行动充满自信，有把握凭借自己良好的技术和准确地判断，敢于对病人的诊断、治疗和预后负责，敢于承担乐于奉献、抢救疑难危重病人，遇事不慌张。

（5）自制心理：医护人员的自制心理是指在医疗活动中，在遇到令人不愉快的人和事时，善于抑制自己的厌恶情绪；在与病人交流时，注意不让病人从自己的面部表情猜测到病情的危重程度而产生消极心态；病人唠叨抱怨，医护人员能耐心地解释而不表现出不耐烦；在遇到危险或出现意外情况时能克制自己的紧张情绪，从容不迫地对病人进行处理。

2. 消极心理

（1）施恩心态：把诊治视为对病人的恩赐，以恩人自居，颠倒了服务与被服务的关系。一方面，医护人员因对医学知识技术的垄断而占主导与权威地位，病人被动地依赖于医护人员的诊治，所谓"求人三分矮"。甚至有病人认为"连命都交给医生了，还在乎什么心态"，在医护人员面前表现的畏畏缩缩、谨小慎微，生怕医护人员责备和讥笑。这种心理上的不平等造成医患关系的不平等，且病人往往主动放弃自己的权利，这也助长了医护人员"救世主"心理。

（2）权威心态：认为自己具有专业的知识和技能，病人应无条件按医护人员的要求办，反感病人提出自己的意见和要求。在病人需求日益提高的今天，部分地区传统的家长式医疗服务模式仍然很难改变，医护人员不允许病人质疑或提出看法，对病人合理要求置之不理，甚至对病人呼来喝去，势必造成医患关系紧张。

（3）探索心态：医护人员在诊治中，只关心疾病，爱"病"不爱"人"，对患者缺乏同情心和关心，把病人当做自己提高技术和积累经验的对象。例如，有的医护人员为了自己的研究课题，把患者当成是自己的试验品，只想从患者身上获取自己需要的资料，较少考虑患者的家庭及经济负担，这些必然影响医患关系。

（4）侥幸心理：由于部分基层医疗单位收治范围小、危重病人少，所以一些医护人员认为中、小手术出不了问题，存有侥幸心理。故执行医疗规章制度不够严谨，术前检查、术前讨论、术前准备不够细、严、全，有时明知操作不规范，却不克服、不纠正，以致影响了医护人员在病人心目中的形象，导致患者对医疗质量产生怀疑，进而影响到医患关系。

（5）惰性心理：部分医护人员长期在单一科室工作，所见病种单一，技术要求低，没有压力，一味地依赖医技检查，容易忽视基本的体格检查和病史的询问。少数医护人员对自己的要求不严，不注重业务学习，没有创新意识，遇到疑难病例依赖上级医生，这种惰性心理会对医患间的沟通产生消极影响。

（6）烦闷心理：此心理多来自恋爱、婚姻、家庭、工作等方面的矛盾。同时，医疗工作和其他工作的性质不一样，其技术难度高、劳动强度大、工作风险高，加上病人的期望值也越来越高，这些来自多方面的负性刺激的影响均可使医护人员产生烦闷心理。烦闷心理的实质是人的一种失衡的心境、是一种消极不良的情绪状态。如果医护人员将这种心理带入到工作中，就会有意无意地把病人当作自己不良情绪的发泄对象，例如对待病人态度生硬、查体不细心、解释不耐心，容易导致医患间的冲突。

（7）趋利心态：医疗卫生服务具有科学性强、风险性高的特点，医护人员自身的责任大、压力大，在现行体制下收入又相对较低，再加上受市场经济条件下社会不良环境的影响，使得一些医护人员的心理出现失衡，甚至有些医护人员的人生价值取向发生偏差。在思想观念上，一些人常把实惠看得比原则更重要；在行为活动上，一些人只注重眼前利益，想尽办法好趁机捞一把。如少数医务人员收取设备的检查费回扣、介绍病人的回扣、药品购销的回扣等。还有的医务人员根本不考虑病人的实际情况，给病人用不该用的药、做不该做的检查等。种种无限制扩大的趋利行为必然会使医方失去患者及社会公众的信任与尊重，甚至会因为晕轮心理效应的作用而导致医务人员的整体人格"被否定化"。

（8）防御心态：医务人员在诊疗疾病过程中，为避免医疗风险和医疗诉讼而采取自我保护诊疗方案的心态。防御性医疗是一种非正常医疗程序，主要表现是做一些病人实际病情不需要的各种化验、检查，特别是费用昂贵的特殊检查；回避收治危重病人，回避风险较大的手术或特殊处理；增设带有推脱责任性质的各种会诊及转诊；做不加任何主观引导甚至夸大病情风险的病情介绍；回避采用实践已经成熟或正在成熟过程中的医疗技术。防御性医疗行为的负面影响是使患者及其家属承担巨大的心理压力或者高额的经济负担；另外，也可能使能够得到救治的危重病人失去了最佳抢救机会。同时，这些行为常导致有限的医疗卫生资源的严重浪费，加重国家的负担，从长远看，不利于卫生事业的健康发展。医务人员的这种群体心理表现更加恶化了现行医患关系，并将可能引发新型医疗纠纷的出现。

（二）医护人员的心理需要

1. 需要个人成就　医护人员从事的是以自己的医疗技术和综合能力为人解除病痛、维护健康、为社会的文明安康承担责任的职业，因此具有较高的社会地位、声望及价值。医护人员群体都本着这样的价值观和思想意识进行职业活动，这也是他们的精神动力。所以，医护人员的自我实现即个人成就的需要是他们高层次需要中最重要的。这些成就主要表现：业务水平能在同行或本单位里得到高度评价、提前或按时晋升业务职称、发表著作或文章、成为教学科研骨干、患者评价好等。显然，医护人员的第一内在需要是积极进取、健康向上的，与正确价值观高度一致。

2. 需要患者和家属尊重和配合　医护人员每天工作的对象是患者和家属，为了诊疗工作更有效更顺利，需要患者和家属尊重医护人员的身份和工作，并能与医护人员密切合作，共同战胜疾病。从医护人员的角度说，就是希望患者的依从性好。临床实践也证明，依从性好的患者并发症少，康复得更快更好。

3. 需要社会各界的理解　进入现代社会后，在市场经济条件下，医护人员迫切需要社会各界的理解和支持。因此，医疗不再是一种相对独立的行为模式，而是与经济社会的各行各业有着十分密切的关联，并有着相当的依赖性。如医疗服务信息需要媒体传播、资金需要银行贷款、基本建设需要政府批准、药品和检查设备需要相关公司提供等。但由于种种原因，有的社会职能本不应该由医务人员承担，但被错位安放，加重了医疗机构和医护人员繁重的社会责任。所以医护人员渴望与社会沟通，取得理解与分担。

4. 需要实践和学习　医学的特征是实践性、经验性及循证性，医学伴随着人类的进化、社会的进步以及自然的变化而不断地发展。因此，医学需要终身学习和实践探索，医护人员在从业过程中也需要不断提高业务水平。提高业务水平和能力的主要途径有：临床实践、专业进修、学历学习、自学研究等。这种需要也是自我实现的一种，对医护人员而言，既是个人成就的动力，也是社会竞争的压力。

5. 需要提高收入　在现代社会生活中，任何人都希望不断增加收入，提高生活水平，医护人员这种心理需要显得比较突出，分析特殊原因，可能有二：一是社会心理。自古至今，国内和国外医护人员的社会地位与收入水平一般成正比，在各行业中属较高一类；二是价值回报心理。医护人员的劳动是脑力和体力综合应用的过程，属高技术、高付出（学习与成熟周期长和成本高、工作辛劳）、高风险（精神压力大）的职业，这种复杂劳动的结果是使最具创造价值的人消除疾病、康复身心，对患者和社会的贡献巨大。2007年的一项调查显示，73% 的医护人员对工作环境不满意，90% 的医护人员对收入不满意。

二、患者及家属在医疗中的心理

人在患病后不仅仅是一个统一的生物学过程、出现机体平衡状态失衡，产生生理与病理变化，更重要的是疾病作为一种强烈的刺激源对人的心理过程造成重大影响，使正常的心理稳态和社会生活稳态受到干扰和冲击，导致患者出现一系列心理问题。不同疾病和在疾病的不同阶段，患者的心理反应和心理需求都会发生变化。医务人员如果不能对患者心理失衡状态有足够的认识，将会对整个医疗过程及医患关系产生不利影响。作为医患关系中的主导者，医生需要考虑到疾病对患者所造成的影响，并评估心理因素对疾病的诊断治疗过程可能产生的作用，充分调动积极因素，同时尽量避免消极因素的产生。

（一）患者的一般心理反应

健康人的心理活动多指向外界客观环境，而患者的心灵活动则更多的指向自身和疾病。患者的一般心理反应是指患者共同性的心理反应，疾病作为一种应激源，在患者患病后，必然会引起一定的心理反应。但由于患者对疾病和症状的认识评价、疾病的性质和程度、社会文化背景、个性心理特征的不同，所产生的心理反应也会千差万别。

1. 焦虑和恐惧　焦虑和恐惧是患者最常见的、最先出现的情绪反应。焦虑是患者因心理应激引起矛盾冲突所产生的心理状态，是一种紧张、担心、忧虑、焦躁、不安兼而有之的情绪反应，疾病所引起的焦虑程度，取决于患者对疾病的了解以及对疾病的治疗措施和想象中的疾病后果的担心程度。焦虑主要表现在两方面：一是交感神经系统的机能亢进，患者出现心跳加快、血压升高、手脚出汗增多、面部及四肢肌肉紧张、皮肤发凉并伴有失眠、头痛、腹泻等症状。另外还表现出注意力不集中、说话速度快或沉默不语、犹豫不决、坐立不安、害怕与人交往等情绪和行为的变化。引起患者产生焦虑的原因很多，主要是强烈担忧自身的健康和安全。如对身患疾病的不安、担心检查出严重的疾病、对一些不太了解的特殊检查心有疑虑、对手术的危险和预后的顾虑等。过分的焦虑常使病人情绪和行为失控，不与医护人员配合甚至产生医患冲突，妨碍医疗过程和病人身体的康复。

恐惧多见于急性病、危重病和手术患者。当患者认为疾病已对自身的生命安全造成威胁以及对疾病的预后难以确定时，就会产生恐惧感。如心肌梗塞患者，在抢救的最初几天会产生极度恐惧感，严重者可达到惊恐的程度。对癌症等后果严重的疾病都可能引起强烈的恐惧，患者一经确诊为恶性肿瘤后，就会惊恐万状、烦恼不安。一些准备接受手术的患者，入院时盼望尽早做手术，而一旦确定手术日期却反而恐惧起来，害怕手术后疼痛，害怕发生手术意外。有的初诊患者当又被介绍给高一级医生诊察或需要特殊仪器检查时都会出现不同程度的恐惧。

焦虑和恐惧常相伴而生，焦虑达到一定程度就会产生恐惧，恐惧的产生又会加剧焦虑程度。

2.愤怒 患病本身就是生活中的不幸。患病后往往还会面临一系列不尽人意的事情，如就诊不便、医院环境差、医药费用过高及治疗效果不理想等，这都会引起病人的愤怒反应。病人也可能为一些小事而发火。愤怒常常是患者对患病这一挫折的直接或伴随的表现。因为活动受限，病人的怒气常常向周围人发泄，如亲属、朋友，甚至是医生、护士。从心理学的角度看，愤怒时的攻击反应可以缓解病人内心的紧张与痛苦，但攻击更多地会导致医患关系紧张，同时过度的愤怒也常常伴有"应激反应"，这对病人身体的恢复是不利的。对于病人的愤怒反应，医护人员应理解和体谅，并向家属说明病人此时更需要周围人的体谅与关心。对于要求不合理者，医护人员更需冷静处理。

3.敏感性增强，疑心加重 患者对周围的事物过分敏感，常出现主观感觉的异常。不仅对声、光、温度、气味等刺激敏感，甚至对自己的呼吸、心跳、胃肠蠕动声也会过分关注。表现为怕光、怕嘈杂声音、怕风吹，吃饭时厌恶某些饭菜的异味，睡觉时总感觉姿势不舒服，体温正常总认为在发烧。有时对周围人的表情、态度、言谈过于敏感。特别是住院患者由于身体不适、体力减弱，加之自我暗示的作用，常多疑善感、妄加猜测。有的患者当同病房的病友查出严重疾病时，往往疑心自己也患有同样疾病。有的既想了解有关病情，又对医护人员的解释抱有怀疑态度。有的患者看到医护人员在低声说话，就以为是在谈论自己的病情，觉得自己的病情严重了或得了不治之症。还有的患者对亲友的好言相劝半信半疑，甚至曲解别人的意思，总以为大家在隐瞒他的病情。处处疑心，惶惶不可终日。

4.依赖性增强，行为退化 患者生病后，周围的家属、朋友、同事会给予特别的关怀照顾，加上体弱无力和自我暗示，一般会产生被动依赖心理。病人的意志力，独立性退化，感情变得脆弱、变得顺从、被动、依赖、娇气，甚至幼稚反常，呈现出不成熟的倒退现象。患者会时常呻吟、哭泣，说话有气无力，需要别人照顾，即使自己能做的事也会让别人代劳，稍不如意就大发脾气。原本独立性、意志力很强的人也会变得依赖犹豫、缺乏主见。原本自负好强、大胆干练的人，会变得小心翼翼、畏缩不前。病人特别是希望得到更多人的体贴、关怀与照顾。

5.孤独感加重 患者住院后离开了家庭和单位，远离了亲人和朋友，加上医院陌生的环境、不熟悉的病友，语言交流和信息来源相应减少，会使患者加重孤独感，显得无聊枯燥、空虚郁闷。常盼望等待着家人来探视。

6.否认心理 有些患者不承认自己有病，更多见于一些预后不良或严重疾病患者。有的多存侥幸心理，幻想着医生诊断有误、检查结果不准确。患者的否认心理常导致延误疾病诊治的良机，酿成不良后果。

7. 自尊心增强 患者生病后，不能为社会创造价值，在社会上的地位作用有所降低，自我价值感受到挫折，自尊心也受到不同程度的伤害。因而患者特别重视别人对他的态度和尊重，具有比健康时更敏感的自尊心。他们对医务人员的表情、态度格外关心，认为自我被尊重会加深医务人员对自己的重视，从而获得更好的医疗待遇。

8. 习惯性心理反应 人的心理反应过程中间有一个过渡，这就是习惯性心理作用。主要表现在患者入院和出院两环节。患者患病后，由于长期健康生活定势，不能很快进入患者角色，难以适应住院生活。患者痊愈出院时，由于习惯住院时休息多、活动少、依赖性强的患者生活模式，担心出院后不能适应社会生活和承担相应的工作责任。部分患者仍保留一些主管症状，如头晕、无力、胸闷、失眠、食欲不振等。

（二）患者的一般心理需要

人的需要多种多样，可分为不同层次。人在生病后，需要层次就会发生变化，高层次的需要会受到一定的压抑，而低层次需要，如安全需要、爱和归属感需要、生理需要就会变得相对突出和迫切。了解患者的心理需要，对于增进医患沟通，提高诊疗质量具有重要意义。

1. 尊重的需要 每位患者都希望得到他人特别是医护人员和亲属的重视和尊重。有一定社会地位和影响力的人都会有意无意地透露或表现自己的身份，好让别人知道自己的重要性，以引起医护人员的重视。有些患者则千方百计与医护人员拉关系、交流感情、帮助做事情，以期得到医护人员的特殊关照。这就要求医护人员对患者应和蔼可亲、彬彬有礼、不分亲疏、一视同仁，主动与患者建立和谐、融洽的人际关系。

2. 接纳和归属的需要 患者特别是住院患者有着迫切的归属感，希望尽快适应医院的新环境、与同病房的病友和医护人员搞好关系，渴望与病友沟通，在病房的小群体中建立和谐、融洽的关系。

3. 获取诊疗信息的需要 患者来到医院这一狭小的人地两生的地方，缺乏各种信息的刺激，迫切需要了解一些与自己的疾病和环境有关的信息。这就要求医护人员及时将有关医院的生活作息制度、饮食安排、诊断治疗方案、查房时间、检查处置注意事项等情况介绍给新住院的患者。否则患者会因信息缺失而出现苦闷、空虚、茫然不知所措。有条件的医院还可以为住院患者提供电视、报纸、刊物，让患者在有限的空间获取更多信息。

4. 适当活动和刺激的需要 医院的特殊性限制了患者的活动和个人喜好。患者长期生活在半封闭的病房，整日看到的都是一片白色，如白色墙壁、白色制服和白色被褥等，极易产生单调无聊、厌烦情绪。特别是儿童，生性好动、喜好新鲜事物的刺激。医院要根据不同患者的具体情况，适当安排一些有益的活动，活跃病房的生活气氛，转移患者对自身病痛的注意力。儿科病房应该针对儿童的特点，设立专用的活动室。

5. 安全感的需要　患者在求医过程中，对任何医疗措施都可能心存疑虑，总是把治疗安全、生命安全放在重要位置，优先考虑。患者往往害怕误诊、害怕手术不成功、害怕检查处置的痛苦，安全的需要得不到满足。因此，医护人员对任何一个可能影响患者安全感的行为都要小心避免，一切医疗护理措施都要认真处置，保证准确无误，并事先向患者做耐心细致的解释，消除疑虑，提高安全感。

病人的心理需要常以各种方式反映出来，若得不到满足便会导致一些"越轨"行为，或者表示不满、或者违反院规和医嘱。假如不从病人心理需要的角度去考虑，医护人员很可能对这类病人产生反感，把他们当作不愿配合的"坏病人"，甚至少数医护人员用让其出院或换病房方法来对付他们。这种对抗的处理方式不仅对病人的心身健康不利，而且会引发医患纠纷。

三、在医疗纠纷中医患双方心理的调适

（一）树立正确的人生观、价值观

医护工作是一种崇高的职业，它承担着救死扶伤的重任。医护人员品德修养的高低，直接关系到患者的安危和转归。医护人员只有树立正确的人生观、价值观，才可以科学地分析医护人员与患者、医德与疾病之间的关系，才可以真心实意地为患者服务，从而建立和谐的医患关系。

医疗纠纷事件日益增多的直接受害者虽然是医疗机构和医务人员，但最终受害者仍然是患者。如果这种现象得不到遏制，将会导致越来越多的人不愿意从事医护工作，患者也会无法得到高明医术的救治。所以患者应该追求崇高的人生价值，明确自己接受诊疗护理服务的目的是消除疾病、恢复健康，不因为蝇头小利而无故滋事，以致损害医患关系。

（二）保持良好的心理状态

医患双方应该注意培养自身积极乐观的心态和稳定的情绪，养成良好的行为习惯，不把工作和个人生活中的不愉快发泄到对方身上。在医患交往中，除了要及时发现自己的不良情绪，随时进行疏导和调适外，医护人员也要及时掌握病人的心理变化，以便有针对性地做好患者的心理疏导工作。即使出现了矛盾，医患双方也应该保持稳定的情绪，理智地依法处理，而不是感情用事，从而避免不应有的冲突，顺利化解医患间的矛盾。

虽然我国的国情及政策难以在短时间内有大的改变，但作为组织层面的医院管理者可以通过引进科学的压力管理模式来为医护人员减压。员工帮助计划（EAP）作为目前世界上应用广泛的压力管理模式之一，不但能促进员工的身心健康，保持员工的工作热情，还在增强组织凝聚力、稳定人力资源、促进劳资沟通等方面有着重要作用。医院可以通过聘

请专业的咨询人员或将服务外包给专业的 EAP 服务机构，为医护人员建立心理健康档案，举办讲座、座谈会等进行心理健康教育，并为医护人员及其家庭成员解决社会适应、心理及行为方面等问题，从而缓解身心压力，改善心理状态，提高工作积极性。

由于对疾病的不了解及对自身健康失去掌控能力，患者就诊时处在应激的状态中是可以理解的。因此，处于医患关系主动位置的医生需要通过安抚情绪、帮助其认识疾病、重建其对自身健康的控制能力等来缓解患者的紧张状态。在此过程中，医生需具有爱心和同情心，充分尊重和信任患者。当然，关键还是患者需树立起健康的生命观和正确的价值观，理性对待疾病，主动调节自己的心理状态。

（三）相互尊重、理解

任何人际关系的建立都需要双方的理解与尊重。理解与尊重是医患沟通能否顺利建立的关键。在医患交往中，医务人员应该认识到一切患者都是因为生病才来就医的，医患双方在人格上都是平等的。现今许多常见病都属于身心疾病，社会心理因素在疾病过程中扮演着重要角色，因而医生在诊疗过程中不但要关心患者的身体不适，同时也要对患者的心理状态予以关注。这不但是对病人的关心，同时也可能是准确诊断和治疗疾病的关键。对患者的尊重主要体现在充分的知情同意上。因此，医生须主动向病人及家属介绍疾病的发生、发展过程及预后，各项诊疗方法的优缺点，争取患者及家属在疾病诊疗过程中的理解和配合，同时消除诊疗过程不顺利时患者及家属对医生的误解。与此同时，患者需要认识到医学科学的局限性和人体的个体特异性，认识到医患双方的目的都是为了消除病人痛苦、治愈疾病；理解医生也希望治愈疾病的愿望，理解医生工作的高难度和高强度；尊重医生的劳动，如果需要表达自己的意见，应以商量的语气与医生协商，争取双方在尊重、理解、互信的基础上达成共识。

（四）坦诚相待、宽容待人

患者接受诊疗服务时，很注重医务人员对自己的态度是否真诚可信。因此，医务人员应当坦诚对待病人，应该让病人觉得你非常真挚、诚实，这样病人就会感到十分轻松、自在，从而有利于创建和谐的医患关系。另外，医务人员应该加强与患者的交流，使患者能尽可能地多了解自己的病情、治疗方法及疗效，从而消除患者的怀疑与焦虑，加强患者对自己的好感和信任。患者也应该放下防范和戒备的心理，坦诚对待医务人员。只有对医务人员真诚守信、如实告知自己的病情、按时交纳医疗费用、严格遵守医嘱、积极配合诊疗，才能获得医务人员的信任和有效地诊治。

在医患交往中，医患双方应该多站在对方立场上考虑问题，多替对方着想，体谅对方的难处与苦衷。医务人员不应该因为患方提出了与自己不同的观点而加以排斥，患方也不应该因为医务人员没有完全满足自己的需要而妄加指责。医患双方宽容相待，无理者能够主动道歉认错，有理者也应该宽容谦让。如果医患双方都能以广阔的胸襟去包容对方的过失和错误、都能以宽容的心态去调节医患关系，那么许多医患纠纷也许就不会发生。即使发生了，解决起来恐怕也不会很困难。

（五）加强医患沟通

良好的医患关系是建立在医患沟通的基础上的。在医患交往中，医务人员应该灵活运用说话的技巧和倾听的艺术，与患者建立有效地交流与沟通。通过有效地沟通交流，医务人员可以更多地了解患者，更多地了解患者的病情及有关情况，了解患者在想什么、他们需要什么、他们是什么样的人，从而了解他们，取得他们的信任，建立良好的医患关系。由于患者对医学的了解有限，对许多的医疗操作和流程感到陌生和不适应，面对重大诊疗措施，如化疗、手术等会感到紧张、焦虑；而且民众的维权意识不断增强，因此，医院应该充分尊重患者的知情同意权，在重大诊疗措施执行前做好协调解释工作。如部分医院会成立专门的术前辅导讲座，在手术前一天对患者进行集中的心理辅导，讲解手术常识的同时解答患者疑问，缓解患者的紧张情绪。而且，把手术患者集中起来，也让患者感受到有许多人和自己一样要面临手术治疗，自己并不是孤军作战，使患者之间能形成一种共勉，一起积极应对挑战和困难。

患者也要掌握如何同医务人员沟通和交流的技能，因为患者是疾病的直接受害者，他们对于疾病的发生、发展过程最为清楚。如果患者在主诉个人病史及有关病情时丢三落四、含糊不清，势必会影响医务人员对病情的了解，以致耽误疾病治疗，影响医患关系。

（六）建立有效的第三方纠纷调解机构

医闹事件前些年频频出现，性质恶劣，大家都深恶痛绝。医闹之所以如此频繁，很大一部分原因是我国还没有有效处理医疗纠纷的途径。卫生行政部门由于是医院的主管部门而得不到百姓的信任，而法院诉讼的方式虽然有效但耗时长且费用较高。在这种情形下，医闹分子就有了生存的条件，并迅速壮大，对我国医疗环境造成严重影响。如果建立专门的第三方调解机构，患者在看病过程中的意见或者不满都可以通过该机构提出申请，从而为患者提供了一个可靠的低成本的意见接受和处理平台，使他们能找到可以说理、能为他们主持公道的地方；而且，患者及其家属在倾诉的过程中就可以宣泄一部分的失望、不满和愤怒，缓冲他们的报复心理和行为，避免采用极端的医闹行为来解决纠纷。

当然，由于患者作为弱势群体，对政府成立的第三方调解机构也会抱有怀疑和不信任的态度，因此，第三方调解机构的建立和运作需要绝对的公平、公正、公开，真正做到为医患双方主持公道，取得人民群众的充分信任，使他们在对医院有什么不满时能立即想到来找第三方调解机构处理，而不是通过吵闹的方式解决，只有这样，第三方调解机构才能成为患者解决医患纠纷的首选途径。

党的十八大以来，中央高度重视医疗环境秩序，在要求医院提高服务质量的同时，采取有力措施打击医闹，并且将严重的院闹行为入刑，已经明显改善了医疗秩序和医院环境。

复习思考

1. 以下哪项原则符合医患沟通最根本的思想指导（　　）
   A. 以人为本
   B. 诚信原则
   C. 平等原则
   D. 整体原则
   E. 共同参与原则

2. 病人享有的权利有（　　）
   A. 知情同意权
   B. 隐私权
   C. 获得相关诊疗信息权
   D. 因病免除一定社会责任和义务的权利
   E. 平等治疗权

3. 以下哪项是医患交友的前提（　　）
   A. 以病人为中心的理念
   B. 高质量服务
   C. 注重病人的权利
   D. 注重与病人全方位的沟通
   E. 互为对方提供便利

4. 询问病人社会心理史的内容有（　　）
   A. 家庭情况
   B. 生活规律，兴趣爱好
   C. 重要生活经历
   D. 宗教信仰
   E. 对生活的态度

5. 门诊导医的作用有（　　）
   A. 导向作用
   B. 咨询作用
   C. 观察作用
   D. 管理作用

6. 有关医患沟通下列哪项错误（　　）
   A. 医患之间要相互信任
   B. 治疗责任是由医生承担的
   C. 医务人员对病人要有同情心
   D. 医务人员必须尊重病人的隐私
   E. 医生要照顾患者对谈话内容的兴趣

7. 以下哪一项不是医务人员称呼病人的原则（　　）
   A. 要根据病人身份、年龄、职业等具体情况因人而异，力求确当
   B. 避免直呼其名，尤其是初次见面时
   C. 在不知道病人名字的时候，可以暂时用床号代替称谓
   D. 与病人谈及其配偶或家属，适当用敬称

8. 以下哪一项不属于医患沟通时候应尽量避免使用的伤害性语言（　　）
   A. 直接伤害性语言
   B. 消极暗示性语言
   C. 窃窃私语
   D. 简介暗示性语言

9. 医患沟通可分为哪两大方面（　　　　）

    A. 言语性和非言语性　　　　　　　　B. 医疗方和患者方

    C. 行为沟通和表情动作沟通　　　　　D. 语言沟通和文字沟通

10. 医院文化包含了医院的物质文化、_____ 文化和精神文化（　　　　）

    A. 娱乐　　　　　　　　　　　　　　B. 饮食

    C. 制度　　　　　　　　　　　　　　D. 网络

    E. 宣传

第 七 章

医患纠纷与投诉

【学习目标】

1. 掌握冲突的处理、解决医患纠纷的沟通策略以及医护人员对投诉的对策。
2. 熟悉冲突的类型、医疗投诉及处理流程。
3. 了解冲突产生的原因、医患纠纷产生的原因与分类。

医患纠纷，指（医疗机构）与患方（患者或者患者近亲属）之间产生的纠纷。医患纠纷包括基于医疗过错争议产生的医疗纠纷，也包括与医疗过错无关的其他医患纠纷等。近年来，医患纠纷事件频发，如何正确及时地处理，成为医护人员急需解决的问题。

第一节　冲突的分析和处理

案例导入

　　一位老年高血压患者昏倒后被送入急救室。他的老伴气冲冲地跑到护士站，手里拿着一盒胶囊，说道："我老头子这次昏过去就是因为吃了这种药！"护士小李接过药盒，问过用药剂量没有问题后，请患者家属坐下，耐心解释道："老奶奶，老先生是因为高血压住院的，和吃这个药没有关系……"没等护士解释完，患者家属就气愤地站起来高声喊道："这药是上次你们医院开的，吃了就昏过去了，你们得负责！"再三解释，老奶奶仍然不能理解，吵闹不断，引起了医院诊护秩序混乱。

　　思考：

　　1. 小李的解释是否合理？如果你是该护士，会如何解释？

85

2. 冲突出现的原因是什么？

3. 如何预防和处理此次冲突？

冲突是指双方的动机或需要出现矛盾的状态。冲突可以导致压力，而且往往伴有诸如抱怨、受挫和愤怒等情绪。冲突往往会让个人与群体之间形成对立的关系。

在护理工作中，护患冲突时有发生，影响护患关系的建立和发展，从而影响护理工作的开展。

一、冲突产生的原因

（一）期望值的差距引发冲突

患者对护士的角色期望值很高，并以此来衡量护士在工作中的职业素质和职业行为。无论在生理上还是心理上，均对护士有强烈的需求，需要给予精心的照料和支持。当护士的行为与患者的期望存在差距，很难满足患者的一切需求时，患者就会产生不满、抱怨等情绪，可表现为不合作、冷漠、激动、愤怒等过激的言行，甚至发生冲突。

护士如果不能理解患者的过高期望和需求，给予正确的解释和引导，或不从自身找原因，甚至表现出无所谓或对立的态度，把过错推诿于患者，认为是患者过于挑剔或苛求，则有可能导致更严重的护患冲突。

（二）认知的差异引发冲突

患者十分关注与自身疾病相关的各种信息，由于护士是专业人员，而大多数患者缺乏医学知识，所以护患双方存在知识结构上的差异。如护士不能设身处地体谅患者的迫切心情，对患者的反复询问缺乏耐心，简单应付，则易引起护患关系紧张；或患者缺乏医学知识、对医护人员不信任、对其言语理解有误等，导致患者认为个人合法权益被侵害。

（三）心理调节不良引发冲突

部分患者因失去健康而产生的自卑、沮丧引起内心激烈的冲突。特别是毁容或躯体严重伤残的患者，极易产生自卑等不良的情绪，个别患者会将不良情绪迁移到护士身上，甚至对护士的耐心解释、善意劝说产生逆反心理；同时较高的医疗费用，加重患者的心理负担，护士是住院催款的具体操作者，家属易将不满发泄给护士。若护士不能体谅患者，则会出现护患冲突。

护士在长期的临床工作中也可能出现不良的心理状态。其中惯性思维在临床时有发生，护士自认为对患者的不适及病情有足够的了解，导致与患者缺乏交流，不注意倾听患者的病情描述，对患者的病痛习以为常，从而无法做到真正地关心患者，个别护士对患者的病痛反应冷漠甚至反感，这些都会导致患者对护士不满。

（四）医护工作失误引发冲突

指医护人员工作态度消极、责任心不强、违反操作原则、专业知识不扎实、技术不熟练，忽视患者生活护理，不关心体贴患者等，造成患者非正常死亡、残废、病情加重等不良后果，这类冲突的主要责任常由医护人员来承担。

（五）医院管理不当引发冲突

是指医院规章制度不健全，质量监控不力，如不严格执行各种查对制度、交接班制度、岗位责任制度及各种操作规程；职责划分不清，造成工作混乱，引起患者及家属的不满；人员配备不足，医护比例失调，使护士长期超负荷工作，与患者及家属缺乏应有的沟通，也是引发护患冲突的原因之一。

二、冲突的类型

（一）医源性护患冲突

医源性护患冲突是指由于医院的原因引起的冲突，包括医院的规章制度、设施、管理或医生、护士及其他医务工作者的服务态度、责任心、护理技术水平、沟通技巧、法制观念及职业道德等方面的原因，直接或间接引起的护士和患者之间的冲突。

（二）非医源性护患冲突

非医源性护患冲突是指由于患者或其他非医院方面的因素导致的冲突。最常见的是由于患者缺乏医学知识、对医护工作者的言语不能正确理解、对现行医疗制度不理解或者存在不良经济动机等，导致患者认为个人合法权益被侵害或健康受到威胁，从而引起冲突。

三、冲突的处理

（一）护患冲突的处理原则

1. 平等公正原则　一视同仁，客观公正，保持理智，理性处理问题。

2. 尊重患者原则　避免直接指责和使用批评指责的语气；避免挖苦、嘲笑、讽刺患者。

3. 避免争吵原则　冲突中应适当妥协，不争口舌之快，不要指望在争吵中取胜。

（二）护患冲突的处理方法

1. 主动沟通法　医护人员应认真分析产生冲突的各种可能的原因，做有准备的、主动的会谈。会谈中认真倾听患者的诉说，客观、冷静地分析。沟通中护士要善于发现患者的长处，并适宜地予以肯定和赞美，常常会收到意想不到的效果。一个相当敌对的患者，可能会因为护士诚恳赞扬的话语而转变态度，使气氛缓和。另外，在沟通中护士的坦诚态度尤为重要，若为护士因素导致冲突的发生，应诚恳地向患者及家属表达歉意。

2. 面对面协商法　面对面协商是应用直接的方式，坦诚而清楚地沟通情感的方法。即冲突双方直接面对冲突，面对面地进行讨论、协商，使冲突的原因明朗化，共同思考解决问题的方法并达成共识，但应注意避免愤怒及指责对方的情绪反应。面对面协商法可改善冲突中遭受破坏的护患关系，最后，双方集中注意力于新的观点和新关系的强化上。

3. 妥协让步法 妥协即以让步的方式避免冲突或争执，是指在冲突双方互相让步的过程中达成一种协议的局面。在处理护患冲突中，若多次协商仍无法解决，则护士可主动做出一定的让步，以期等候合适的时机再解决问题。在使用妥协方式时应注意适时运用，特别注意不要过早采用这一方式，如果过早采用可能会使管理者没有触及到问题的真正核心，而是就事论事地加以妥协，因此缺乏对冲突原因的真正了解，不能正确地解决问题。

4. 仲裁解决法 仲裁是指纠纷当事人在自愿的基础上达成协议，将纠纷提交非司法机构的第三方审理，并做出对争议各方均有约束力的裁决的一种解决纠纷的制度和方式。医疗仲裁的第三方是医疗鉴定机构（医疗事故鉴定委员会）。由医疗鉴定机构来仲裁，更具有专业性。仲裁具有专家裁断的优点，科学性强。这种方法在一般情况下最好不用，但在某些特殊或急切的情况下，也是必要的。

第二节　医患纠纷与沟通

一、医患纠纷产生的原因与分类

（一）医患纠纷产生的原因

医患纠纷产生的原因有社会因素、交际障碍、患者因素及医院因素。

1. 社会因素 这类纠纷主要是社会发展、国家法制建设、社会分工等方面的因素导致双方认知上的差异所产生的。

在现实医患关系中，患者方面往往过分强调自己的权利，如生命权、健康权、平等权、诉讼权、知情同意权、保护隐私权等，而忽视应尽的义务；医务人员思想观念还没有完全从"以疾病为中心"转移到"以病人为中心"上来，往往强调患者的义务而忽视患者的权利。医患双方权利义务关系上的模糊认识常常是导致纠纷的缘由，部分患者的不当维权行为也是产生医患纠纷的重要原因。

同时在目前医患纠纷日益增多的情况下，由于我国卫生法规的不完善，使得医患纠纷的处理出现较大难度。处理医患纠纷适用法规时出现的矛盾越来越多。这些矛盾主要表现在当医患纠纷走上诉讼程序时，各类法规之间不协调，甚至相互碰撞，使医疗纠纷的处理无所适从，这是造成医患纠纷难以解决的重要原因。

2. 交际障碍因素 在医患关系实践中，双方交际障碍因素导致医患纠纷也是不容忽视的。很多患者患病以后都希望尽快知道自己得了什么病，用什么治疗方法，预后怎样等等。然而临床实践中，大多数患者觉得医生给予的信息往往比较简单，用患者的话说，很多医生"惜话如金"；或者一些患者文化水平不高，对医学知识了解很少，失去与医务人员交往的积极性，从而使医务人员与患者交往的渠道部分堵塞，大大减少信息源，患者缺乏信息的后果是胸中积蓄怨气，无处宣泄，一旦遇到机会便会发泄不满。

3. 患者因素　患者发生就医求诊行为后，大多对医生治疗疾病的期望值较高，有的患者恨不能一夜之间康复出院。在经受病痛折磨，加之在陌生的医院环境中与生疏的医生接触，其心理状态常产生一定的变态反应，在此心理影响下，对治疗进度、效果常感到不如意，医患之间出现认识和见解的分歧，影响医患关系，容易引起纠纷。

4. 医院因素　不可否认有些医患纠纷的产生与医院自身有关，诸如医疗质量不高、服务态度不好、管理疏漏及医德医风等问题。

医疗质量不高主要有两大因素，一是技术因素，二是责任因素。一般来说，主要由于医务人员的责任心不强、技术不到位所致。医院作为精神文明建设的窗口单位，管理不严，个别医务人员道德素质差，职业语言修养较差，与患者言语交往中，不注意语言的科学性、规范性和道德性，也是引起医患纠纷的重要因素。

（二）医患纠纷的分类

医患纠纷由医源性因素或非医源性因素而引发。医源性纠纷主要是因医务人员责任心、技术水平、服务态度、法制观念及医德医风等方面出现问题，导致患方利益受损而引发，故可将其分成责任性、技术性、权利性、医德性纠纷等类型；非医源性纠纷主要因患方缺乏医学知识，对医疗工作产生误解、对现行医疗制度不理解及不良经济动机等因素引发，故可将其分成认知性、社会性纠纷等类型。

1. 责任性纠纷　责任性纠纷主要是指医务人员工作责任心不强，或违反操作规程，造成患者非正常死亡、残废、组织器官损伤、功能障碍、病情加重等不良后果，并对此种后果应承担主要责任的纠纷。

2. 技术性纠纷　技术性纠纷主要是指由于医务人员专业知识不足，技术水平太低，造成患者的非正常死亡、组织器官损伤、功能受损等不良后果引起的纠纷。这类纠纷的责任常由医院方面承担。

3. 权益性纠纷　由于各种的原因，我国各级医院和医务人员对患者的权益认识不足，在医疗过程中，经常出现侵犯患者正当权益的现象，其中不少酿成了医患权益性纠纷。在现实工作中，由于很多医务人员对患者的知情同意权未能给予充分的尊重，因而引发医患纠纷。这是最常见的一种。

4. 医德性纠纷　这类纠纷主要是由医务人员的医德医风问题所引起的。这其中有的表现为个别医务人员的职业素质不高，收受、索要患者馈赠；有的表现为利用职务之便，侵害患者利益；有的表现为在为患者服务过程中态度恶劣，行为蛮横，言语冲撞。近年来，医德医风问题经各级卫生机构和医院的大力整治，已大有好转，但仍有不少问题为社会和患者不满。

5. 认知性纠纷　所谓认知性纠纷，指医患双方由于专业知识多少和学术观点不同，对临床医疗过程中所出现的疾病现象和治疗过程存在不同认识，从而引起纠纷。

6. 社会性纠纷　由于社会改革和经济体制的转型，致使部分社会矛盾聚焦于医疗保障制度的改革。医院作为医疗保障制度的实施主体，难免与患者之间产生矛盾。例如有的患者不能适应这种改革，将不满情绪转嫁给医院，引起纠纷。

二、解决医患纠纷的沟通策略

医患关系本应亲如一家。但是，目前的医患关系却出现了紧张的局面，全国的医患纠纷不断，且有愈演愈烈的趋势。这就使得解决医患纠纷势在必行。

（一）提高医疗及服务质量

改善医患关系的最主要手段是提高医疗服务质量。患者因病就医，最关心的是自己疾病的治愈，这就要求医务人员精益求精地钻研医学科学知识，提高为患者服务的技能和水平，从而有效地避免或减少医疗责任事故和技术事故。医患双方要学会换位思考，将心比心，做到相互理解，相互尊重。医护人员通过友好的服务态度、温和的举止和同情心会调动患者积极乐观的情绪，赢得患者对医生的信任，减轻患者的心理负担，化解因医务人员服务的稍有不周而产生的不满。

（二）尽早发现苗头并化解纠纷

实践证明医患纠纷有一定的酝酿形成过程，医院尽可能早地发现纠纷的苗头，是化解医患纠纷的关键环节。一般来说，医患纠纷的形成过程有潜伏阶段、显露阶段和暴发阶段。对尚未形成纠纷的医患矛盾，医院应有敏锐的觉察能力，一旦发觉，应立即针对患者的不满环节，加强工作。要主动派人针对患者及其亲属的疑问，回答对方的问题，以良好的沟通来消除双方隔阂。要加强管理力度，检查自己的工作，真诚有效地加以改进，主动寻找薄弱环节。同时，加强医护人员的服务技艺培训，提高语言沟通能力和水平，加强医务人员自身道德素质修养。认识医患纠纷的形成规律有助于医院尽早发现纠纷苗头，在纠纷形成的初期，就采取积极措施，加强控制，防范于未然。

（三）采取稳妥措施积极处置

当医患纠纷在医院内已经形成，或医院已知患者告上法院，医院一方应冷静处置。首先，要认真分析纠纷的性质，是患方提起和引发的纠纷，还是医院主动执行政策形成的纠纷；要分析纠纷提出的渠道，是医患双方之间，还是收到法院、卫生仲裁机关的通知；要分析纠纷影响的广度，有无新闻媒体的介入；要分析对方动机，是发泄不满，还是索取高额赔偿等。其次，组织处理小组。医患纠纷形成后，医院一般应尽快明确专门人员参与处理。必要时，应由医院领导带队，便于了解情况，及时应对。第三，调查事情真相。对患者一方的直接当事人、相关人员展开调查，听取对方意见和要求；在收集资料时，要做到准确、公正。第四，与患方沟通或谈判。此时与患方的沟通可能出现两种情况：一是双方沟通后，很快取得认识上的一致，纠纷即告平息；二是尽管事件真相已明，但双方对事件真相的认识不一致，需要多次沟通，才能达成基本一致的认识。

第三节　投　诉

一、医疗投诉及处理流程

（一）医疗投诉

医疗投诉就是就诊者对医院提供的服务设施、设备、项目及服务效果有所不满而提出的批评形式。其表现途径有电话、书面和当面的投诉。医疗投诉处理的宗旨在于减少就诊者的投诉，使因投诉而造成的危害减少到最低程度，最终使就诊者对投诉的处理感到满意。

（二）医疗投诉处理流程

综合起来，处理投诉的流程可归纳为以下几个步骤：了解投诉情况→表达同情歉意→致谢投诉者→受理投诉要求→尽快分析解决→监督处理落实→总结投诉。

具体处理投诉的程序要求是：

1. 认真倾听投诉

（1）保持冷静：投诉者投诉时，心中往往充满了火气，这时不要与投诉者争辩。对那些情绪激动的投诉者，到办公室或适当场所个别地听取意见，这样容易使投诉者平静。

（2）表达同情：设身处地替投诉者思考和分析，对投诉者的感受表示理解。如是投诉者的误解所致，可用适当的语言和行为给予安慰，找出误解的主要环节，从而转化其不满情绪。

（3）致歉关心：对投诉者的投诉应该用"这件事情发生在您身上，我感到十分抱歉"等语言表达对投诉者投诉的关心和歉意，并把注意力集中在投诉者提出的问题上，不推卸责任。对未经核实的投诉，说话应留有余地。

2. 协商解决方案

把将要采取的措施和所需时间告诉投诉者并征得他的同意。如有可能，可请投诉者选择解决问题的方案或补救措施。不能对投诉者表示由于自己权力有限，无能为力；也不能向投诉者做出不切实际的许诺。要充分估计解决问题所需要的时间，留有一定余地。

3. 采取行动解决

这是最关键的一个环节。如果是自己能够解决的，应迅速回复投诉者，告诉投诉者处理意见；投诉者投诉的问题如若超出自己权限的，须及时向上级报告；明确暂时不能解决的投诉意见，要耐心向投诉者解释，取得谅解，并请投诉者留下地址和姓名，以便日后告诉投诉者最终处理的结果。

4. 检查记录落实 现场处理完投诉者的投诉，事后还要及时与投诉者取得联系，检查、核实投诉是否已圆满解决；并将整个处理过程写成报告，记录存档，以利于今后工作的完善和预控。

二、医护人员对患者投诉的认知程度及对策

（一）医护人员对患者投诉的认知

医护人员应将就诊者投诉看成是发现自身服务及营运管理的漏洞，改进和提高医院服务质量的重要途径。同时，通过投诉的处理，加强医院同就诊者之间的沟通。鼓励就诊者投诉也是医院实行服务质量监控的有效措施，不少医院采取种种措施，鼓励就诊者对医务人员的服务态度、服务设施、服务质量提出意见，有的甚至设重金奖励。这些都从一定程度上帮助医院提高了服务水平，收到了应有的成效。

所以，医护人员对就诊者的投诉要采取积极、欢迎的态度，无论就诊者出于何种原因进行投诉，医院方面都要理解就诊者心理，要设身处地为就诊者着想，真诚地帮助就诊者，尽可能地令其满意。只有这样才可能消除就诊者的不满，重新赢得好感及信任，改善就诊者对医院的不良印象。

（二）医护人员对患者投诉的对策

在实际工作中，医护人员应采取有效措施，积极应对解决就诊者投诉，以期更好地提高医院服务质量。

1. 加强医患沟通 医护人员应采取措施，扩大与就诊者的沟通渠道，最大限度地提高就诊者的满意程度，缩小就诊者投诉势头。各级管理人员可亲自询问就诊者意见，以获取更详细更直接的信息；在前台及病房提供"就诊者意见表"，收集就诊者书面的投诉；定期进行市场调查发现新问题。

2. 改善服务质量 医院应加强医护人员思想教育、业务及技能的培训，提高工作责任心，改进服务态度，增强服务意识和协作观念，最终提高服务质量和工作效率。

3. 提高医德修养 医护人员应提高其职业道德修养，遵循严格的可操作的职业道德规范。医护人员中出现的职业道德问题，一经查实应予严肃处理。采取各种措施，协调医患关系。

4. 加强医院管理 建立完善的管理体制，制订具体的有关设备管理、维修保养的计划，建立控制医院后勤供应质量的方案。同时，要不断提高工程维修人员的技术、技能水准，保证维修质量，开展全面的质量控制。医院管理层要在财政预算中，保证楼宇和设施

设备的维护维修资金。

5. 做好安全控制 做好医院内各部门消防、治安的监督控制，制定严格的规章制度，采用人防和技防相结合的各种控制手段，避免火灾的发生。维护好医院的治安环境，保障就诊者人身、生命及财物的安全。提高保安人员的技术素质和服务意识。

6. 建立投诉档案 通过设立前台服务日志等形式记载投诉的情况，并定期由专人整理，形成医院全面质量管理的档案，防止此类投诉的再度发生。必要时可通过电话随访，了解公众对医院的期望。

复习思考

1. 假如某患者因医疗需要而损害其他患者的利益时，你将如何处理？（　　　）

　A. 向其他患者解释该治疗的意义，取得同意后再开始治疗

　B. 不用取得他们的同意，悄悄进行

　C. 做完治疗之后再向他们解释

　D. 让其他人去做这项治疗，双方都不得罪

2. 护士在临床工作中处理人际关系应具备的最基本技巧是（　　　）

　A. 沟通技巧　　　　　　　　　　B. 写作技巧

　C. 演讲技巧　　　　　　　　　　D. 表达技巧

　E. 描述技巧

3. 生活中常用的沟通技巧不包括（　　　）

　A. 赞美　　　　　　　　　　　　B. 批评

　C. 拒绝　　　　　　　　　　　　D. 劝慰

　E. 微笑

4. 倾听在劝慰中的目的是（　　　）

　A. 理解表面信息　　　　　　　　B. 理解对方的全部信息

　C. 理解大部分信息　　　　　　　D. 理解深层次信息

　E. 只是形式而已

5. 冲突的作用不包括（　　　）

　A. 利于护理质量的提高　　　　　B. 分散护患双方时间与精力

　C. 影响疾病的治疗　　　　　　　D. 影响医院形象

　E. 提高医护人员威信

6. 可以使冲突双方利益最大化的是（　　　）

　A. 折中　　　　　　　　　　　　B. 回避

C. 合作   D. 妥协

E. 善用沟通技巧

7. 护士发现某患者家属在走廊里抽烟，最好使用以下哪种劝说技巧（   ）

A. 赞美   B. 批评

C. 讽刺   D. 权衡利弊

E. 争吵

8. 关于批评的原则，不包括（   ）

A. 就事论事   B. 适可而止

C. 抑扬结合   D. 严肃批评

E. 维护自尊

9. 关于护患冲突产生的原因，不正确的是（   ）

A. 患者对疗效的期望值过高   B. 专业水平技术低

C. 患者故意找茬   D. 人员配备不足

E. 服务态度差

10. 下列哪项是护士在临床工作中所表现出来的习惯行为（   ）

A. 态度   B. 技巧

C. 知识   D. 情感

E. 着装

第 八 章

医务人员多元文化背景下的人际沟通

【学习目标】

　　1. 掌握跨文化沟通技巧。

　　2. 熟悉解决跨文化沟通中的问题。

　　3. 了解跨文化沟通的含义。

第一节　文　化　背　景

一、文化背景的含义

　　文化背景，是一个人生活在其中的，由特定社会习俗、价值观念和信仰所组成的文化环境。

　　特定的文化背景中，人们会形成特定的文化观念。文化观念影响人的信仰、价值取向和行为表现及处理各种事务的态度，也影响个体健康与疾病的概念和求医方式。

　　比如，由于中东地区生存环境恶劣，绿色植被少，有绿色植被的地区是神赐予的，因此，在穆斯林的文化里面，绿色代表高贵和健康，他们送绿色的礼帽代表了美好的祝愿，但是对于不是穆斯林的汉族人来说，"戴绿帽"是一种侮辱。造成这种反差现象的正是文化背景的不同。因为在汉民族历史上，曾经尚黑色、黄色，其次紫色、绯（深红）色，在朝廷中六品七品服绿，八品九品服青。绿色青色排名最后，在官场上是低贱的代表。而在民间，这两种颜色也是象征着低贱的行业。比如元明两代，乐人、妓女必须着绿服、青服、绿头巾，而《元典章》更是规定，娼妓之家长和亲属男子须裹青头巾。由此，"青头巾"就与娼妓的男性亲属有了联系，后来扩大为指妻子有不贞行为的男人。由于青、绿二色比较接近又同属贱色，而现在人们也不带头巾改戴帽子，于是又逐渐演变成了"绿帽子"。

所以理解不同的文化背景，了解多种文化，对于跨文化交流是非常有益的。

二、文化背景的影响

文化背景促使文化的形成，文化背景对人的交往方式、生产方式和实践活动、认识活动、思维方式等方面造成不同程度的影响。

（一）影响人的行为、价值、习惯、健康与疾病的概念和求医的态度

文化背景影响人的行为。比如：恒河历史悠久，有着浓厚的民俗和文化色彩，即使经过千年的文明洗礼，恒河仍是印度人心中的圣河。恒河是印度人精神的家园，最后的皈依，死后他们被丢入恒河是最好的归宿，也是印度人民生活的依靠，印度人会在漂满尸骨的恒河里洗漱，洗衣、洗菜。这是我们中国人所不能接受的。同样，中国人让牛耕种，还会吃牛肉，而印度人把牛当神一样供着，用人去拉犁种田。

在医学方面，西方的主流哲学都坚持的"实物中心论"引导着西医把关注的目光放在构成人体的实体物质和器官等方面。认为整体由部分构成，应当而且可以把整体分解为部分来认识，在这种思路下，西医对生病体的研究从器官、细胞，一直深入到分子和亚分子水平，并建构一系列基础医学学科。而中国哲学讲究整体观念引导着中医认为人体本身是有机整体，人的五脏与五体，九窍、五声、五音、五志、五液、五味是有机相关的。甚至认为天人合一，形神一体。因此，中医学从"天人相应"和"七情六欲"等观点出发，从人与自然，人与社会的关系中去理解和认识人体的健康和疾病，十分重视自然环境和心理因素的作用，并贯穿在病因考查、诊断治疗以及保健预防的各个环节中，强调要"顺四时而适寒暑"。而生活在美国阿拉斯加地区的人以宿命论来对待生病，一般情况下是不会看医生的。

（二）影响人们的交往行为和交往方式的选择

文化背景影响人们的交往行为和交往方式的选择。比如中国人自古认为个人要归属于集体，讲究团结友爱，孝悌忠顺，因此隐私观念比较薄弱，故而中国人往往很愿意了解别人的酸甜苦辣，对方也愿意坦诚相告。而西方人则非常注重个人隐私，讲究个人空间，不愿意向别人过多提及私事。因此在隐私问题上中西双方经常发生冲突，例如：中国人第一次见面往往会询问对方的年龄，婚姻状况，儿女，职业，甚至收入，在中国人的眼里这是一种礼貌，但在西方人眼里则认为这些问题侵犯了他们的隐私。

对疼痛的表现也会因文化的不同而不同。疼痛时大喊大叫是非常讲究绅士风度的英国人的价值观所不允许的，所以他们往往采取忍受的方式。而意大利人则认为疼痛影响他的康宁和正常的生活，有必要寻求医生的帮助，需要倾诉并得到治疗。

作为医务人员，只有了解不同的文化带来的个体差异，才能准确地了解病人的病情及

病情变化。

表 8.1 欧洲个别国家的文化特点

国别	文 化 特 点
美国	热情、守时、注重餐桌礼仪、注重着装礼仪、注重个人隐私
英国	绅士风度、礼貌、社交场合禁烟、忌谈个人隐私、忌讳数字 13
法国	诙谐幽默、浪漫、渴求自由、爱好艺术品的礼物、忌讳 13 和星期五
德国	举止庄重、讲究风度、守时、民族优越感强
意大利	时间观念不强、忌讳黄雏菊、13 和星期五，不喜欢把雨伞撑放在房间

（三）影响人们的实践活动、认识活动和思维方式

不同的文化环境、知识素养、价值观念，都会影响人们认识事物的角度以及认识的深度和广度，影响人们在实践中目标的确定和行为的选择，影响不同思维方式的形成。比如：中国人注重谦虚，在与人交际时，讲求"卑己尊人"，把这看作一种美德。在别人赞扬我们时，我们往往会自贬一番，以表谦虚有礼。西方人受到赞扬时，总会很高兴地说一声"Thank you"表示接受。由于中西文化差异，我们认为西方人过于自信，毫不谦虚；而西方人对中国人谦虚会感到非常惊讶，认为中国人不诚实。

第二节 跨文化沟通策略

一、跨文化背景下的沟通特点

（一）文化对接的难度很大

不同的文化有不同的符号系统。在同一文化背景下，沟通的主客体使用的符号系统、编码系统和解码系统是统一的，因此沟通不会存在多大的障碍。在跨文化沟通中，编码的规则和解码的规则常常不一致，这就使得在跨文化沟通中出现用一种解码系统，去阐释不同的编码系统的问题，使跨文化沟通在文化意义上难以实现对接，形成沟而不通的局面。

（二）深层次的习惯与传统影响深远

在一定文化环境中的文化习惯久而久之会形成传统。习惯的东西和传统的东西是文化的固化形式和深层积淀，是很难改变的。在跨文化沟通中，人们即使认识了对方的文化特征，也不妨碍沟通者依然按本文化的习惯和传统办事，从而造成沟通中的文化矛盾和冲突。一位在荷兰做生意的中国男子娶了一位荷兰女性后与中国的妻子离了婚，这位中国男子在荷兰居住久了，对荷兰的风土人情、生活习惯、人际关系、政治法律已相当了解。但是他的许多行为依然是中国式的，例如他明知荷兰人不喜欢亲戚住在家里，但他总是千方

百计甚至偷偷地把老家的孩子、亲戚弄到荷兰，使家里磨擦不断。这位男子去世后把他的全部财产都留给了前妻。这令他的荷兰妻子大为震惊。其实指导这位男子这么做的正是他深层意识中"落叶归根，故土难离"、"糟糠妻，不可弃""衣锦还乡，无限荣光"等传统中国观念。

（三）形成文化迁徙

文化迁徙是指跨文化沟通中，人们下意识地用本民族的文化标准和价值观念来指导自己的言行和思想，并以此为标准来评判他人的言行和思想。如果不了解文化差异，在跨文化交流中就会出现文化迁徙。只有了解不同民族的文化习俗、信仰、价值观及其内涵，才能克服文化迁徙，真正完成思想情感的交流。

（四）出现文化休克现象

文化休克，是由于一个人试图了解或适应另一不同文化人群时所感受到的不适应、无助和一定程度的惘然现象。文化休克现象是人们从熟悉的环境来到陌生的文化环境产生的一系列精神紧张综合征。它表现为生理、心理、情绪三方面的反应，常见的症状有焦虑、恐惧、沮丧、绝望。大量临床实践证明，病人住院会产生一系列不适应、不习惯，甚至会产生恐惧心理，表现出明显的文化休克现象。文化休克是影响疾病治疗和护理的重要因素。

二、跨文化沟通中的文化差异与技巧

由于文化的不同，东方与西方、汉族与少数民族在语言差异、价值观、认知、非语言、生活、工作方式和沟通习惯等方面存在很大的差异。

（一）语言差异

语言是社会沟通最重要最基本的工具，由于各种复杂因素，地球上的语言纷杂多样，即使同一语言，也因地区之别演变成不同的方言。语言不通就会造成交流障碍。中西文化中，不仅语言不同，有时即使一个词语被准确地翻译了，也会存在交流障碍，在不同文化中也会有不同的含义，比如龙这个词，在中国文化中是神秘莫测的神兽，是中国的图腾，是祥瑞之物。而在西方则描述为一种巨型怪兽，形似鳄鱼，身披鳞甲，长有巨爪和翅膀，能游水能飞行，还能喷火，凶猛异常，破坏力极大，是邪恶的动物。

在临床工作中，也必然存在跨文化交流双方语言不通造成的障碍。提高交流技巧是保证交流质量的关键，作为医务人员要加强各种语言的学习，还要了解多种文化，同时，加强对母语各方言和不同文化层次的人的表达方式的把握。

（二）价值观念的差异

不同国家的文化背景与价值观念的差异，造成诸如行为模式、家庭观念、人际关系等方面的差异。

1. 行为模式差异 在中国，人们提倡"三思而后行"，做事谨慎小心，对人要以诚相待，将有野心视为一种不可取的行为。而西方人将有野心视为一种积极的行为模式。在西方，孩子从小就接受自信与自立教育，使人们养成了"进攻"意识，这种意识表现在行为上就是果断、直接、有野心。

2. 家庭观念 中西方的家庭观念差异很大。中国人讲究仁义孝悌，特别重视亲情，自觉地遵守三纲五常，亲情的氛围异常浓厚，逢年过节喜欢家庭聚会。中国人对待客人，视如家人，讲究一团和气。而西方国家，家庭观念稍显淡薄，各自卧室未经允许不得擅自出入，长辈与晚辈间可直呼其名。西方家庭的孩子成年以后，就会搬出去自己住，过独立自主的生活，有的家庭在就餐时还会各自付款。

3. 人际关系差异 中国人特别重感情；西方人更重视实际。具体而言，受儒家思想的影响，中国在处理人际关系时，提倡"仁"与"礼"，"长幼有序"与"朋友有信"。受政治、经济、社会环境的影响，西方人养成了自由、独立、直率、冒险的民族性格。在处理人际关系方面，提倡人人平等，即使是父母与子女之间，也可以为追求平等而进行竞争。与此同时，西方人在处理人际关系时，不去过多地考虑情感因素，他们更加注重公事公办。绝大多数西方人不会拿"人情"去交易，去谋求各种不正当的利益。

4. 时间观念的差异 中国传统的哲学时间观普遍认为，时间既是线性的，又是循环性的。西方人认为时间的运动是单向线性的，不可逆转，且最终会"消失殆尽"，故大部分西方人时间意识强，他们生活节奏快，办事效率高。

在跨文化沟通中，医务人员要多学习和掌握不同文化价值观，在医疗过程中要预估病人的价值观念，不要损害病人的自尊心。

（三）非语言沟通的跨文化差异

非语言沟通是相对于语言沟通而言的，是指通过身体动作、体态、空间距离等方式交流信息、进行沟通的过程。在沟通中非语言沟通是必不可少的，也是至关重要的。

1. 目光与面部表情 在人际交往中，面部表情能真实地反映人们的思想、情感及其心理活动与变化。不同国家、不同民族、不同文化习俗对眼神的运用也有差异。交谈时，英国人正视对方，英国人有句格言：Never trust a person who can't look at your eyes.（不要相信不敢直视你的人）；一般情况下，美国男士不能盯着女士看；日本人目光落在对方的颈部，四目相视是失礼的；阿拉伯民族认为不论与谁说话，都应看着对方；中国人则有意避免不断的目光接触，以示谦恭，服从或尊敬。

2. 空间距离 在不同的文化背景下，空间的安排无一不体现出文化的差异。中国文化中，普遍认为"左为上，右为下"，但通常的国际惯例却是"以右为上"。且中国人在公共汽车等场合，对于人挨着人是不在意的，而大多数西方人则对这种接触感到别扭和不适。

医务人员在救治、护理不同文化背景的病人时，应考虑空间问题，在交谈距离和病室安排时要做到适当。如给西方人安排病室，尽量宽敞，与巴基斯坦病人交流时可以近一些等。

3. 手势、触摸和身体导向　体态语也是文化的载体，在跨文化交际中因文化差异也会引起误解。例如，在中国和其他很多国家，总是"摇头不算点头算"，但在尼泊尔，保加利亚和希腊等国却恰恰相反。每个民族又有他特有的手势，比如：英美人把中指放在食指的上面表示希望事情能够顺利的进行；美国人站在公路旁边向路旁的司机向上伸出大拇指，是想打车。还有一些手势语也越来越国际化了，如：食指和中指做出"V"型就是表示胜利的意思，把两只手摊开，耸耸肩膀，表示"我不知道"或者"没有办法"的意思。

4. 服饰穿着的差异　现代社会中，服饰作为文化标志的作用也越来越大。中国藏族的日常服装与汉民族差别较大，英国人十分注重严肃和庄重的仪表，男士通常穿西装结领带，女士通常穿制服套装并佩戴相应的首饰配件，这样使得工作环境气氛凝重、认真，从而提高了工作效率。

三、医务人员跨文化沟通的总体策略

（一）建立文化平等观，克服民族中心论

文化没有优劣，民族没有尊卑，来医院就医的患者有自己的文化需求、风俗习惯等，都有被尊重的权利。在跨文化沟通中，医务人员要树立文化平等观，克服民族为中心论，同时还要互相学习。

（二）了解文化差异，学以致用

成功的跨文化沟通要求移情能力的培养，即在传递信息前，先把自己置身于接受者的立场上；接收信息时，先确认发送者的价值观、态度、经历和参照点、成长和背景。设身处地地体会别人的处境和遭遇，从而产生感情上共鸣。因此医务人员不仅要掌握好专业知识，还要加强人文课程的学习，接受人类文化学、民俗学、跨国文化等课程的学习，还要通过各种途径了解对方的政治、经济文化、历史、社会性质、生活方式、风俗习惯、语言特点等诸方面的情况。了解文化差异，避免不必要的误解和冲突。

（三）认同文化差异，相互尊重，求同存异

在跨文化沟通中，我们要学会真诚地对待、尊重对方，特别是要对他人价值观、信仰、人格、习俗等方面予以认同，不能拿自己国家的文化标准去判断他人的行为方式，更不得将自己的行为方式和观点强加给对方。在跨文化交流沟通过程中，我们除了遵守国际惯例的社交礼仪外，还要认真考虑，以适应对方，同时不断拓宽自身的文化眼界。

四、医务人员跨文化沟通方式

医务人员有了跨文化意识，就可以把注意力转向跨越"编码与解读"之间的矛盾上，

一般来说，克服文化障碍，做到有效沟通，应该掌握以下方式：

（一）正确评估文化背景，尊重和满足患者的文化需求

医务人员应正确评估患者的文化背景，了解与其健康有关的文化信息，包括对疾病的认识、对治疗及预防的认识。医务人员评估患者的文化背景包含以下内容：

1. 患者的健康问题是否为某特定地区的人们的典型问题？

2. 患者使用哪种语言？

3. 患者的宗教信仰是什么？

4. 患者拥有哪种文化特质？

5. 患者对有关健康与疾病的解释是什么？

6. 患者所属文化中的医疗模式是什么？

7. 患者对医疗服务持何种态度？

8. 患者的支持系统有哪些？

9. 患者在家庭中的角色及作用有哪些？

10. 患者获取营养的方式及饮食习惯是什么？

11. 患者的日常活动方式是什么？

12. 患者做决策的方式及依据是什么？

13. 患者的认知方式是什么？

14. 患者的教育背景是什么？

正确评估病患的文化背景，在不影响医疗安全的前提下，充分尊重患者的生活习惯，一切以尊重患者的心意为准。如果对健康有害，医务人员应尽量做好解释工作，以取得患者的理解。

（二）管理好情绪，学会包容

面对有不良情绪的病人，医务人员首先要管理好自己的情绪，做到宽容，耐心细心地体会他们的心情，用自己积极的情绪来带动病人的情绪。出现冲突或误解时，更要认真对待，耐心解释。

（三）增强服务意识，提供周到服务

医务人员要有服务意识，尤其是对跨文化的病患，更要给予更多、更恰当的服务。医务人员要根据病人的文化背景，在现有条件下，尽可能提供符合病患文化诉求的服务。如日本人忌讳数字"4"，认为 4 是死的谐音不吉利；在信仰基督教的欧美国家"13"这个数字常常与耶稣殉难日联系在一起，禁忌"13"，乘飞机、乘船不愿意选择 13 日，认为是不祥之兆。医务人员可以在说话和安排床位时尽量避开这些数字。回族、维吾尔族、塔吉克等民族信仰伊斯兰教，禁食猪肉、死物、血液，每年 9 月戒斋，戒斋期间从黎明到日落要禁食水，护士针对这种情况可以采用夜间加餐、输液的方法满足病人的营养需求。

（四）重视病人心理护理，克服文化休克

一般病患都会对医院的陌生环境产生恐惧和失落心理，而跨文化的患者，面对各种不了解的检查与治疗，再加之语言上存在的障碍，患者经常表现出担忧、焦虑、恐惧的心理，从而出现文化休克。医务人员要与病人建立良好的医患关系，重视病人的心理护理，正确地理解病人的要求，尽早识别文化休克的表现，采取有效的措施满足病人需要。

（五）注重非语言沟通

跨文化的医患沟通，可能会因为语言的障碍导致交流的困难，医务人员应注意在言谈举止、仪表仪态方面、眼神表情方面给予患者最大的关怀使患者产生安全感和信赖感。比如：一般情况下，要求医务人员在和患者交谈时目光接触以示专注，但面对不同国度和我国不同的少数民族患者，则要根据他们文化的差异把握好分寸，比如藏族患者认为专注的眼光会给所爱的人、物或从事的事业带来种种不利，医务人员就不可专注的盯着患者。对于西方病患要常报以微笑以示友好。

（六）正确处理时间观念的差异

不同文化背景的人对时间的观念不同。医务人员应根据不同民族的人的时间观念、合理安排生活起居与护理、治疗程序。欧美人注重将来胜于现在，医务人员在救治时应注重整体效应，将各种安排事先编入日程，告之病人以取得合作。而另一些国家的人认为目前胜于将来，他们认为时间是灵活的，可以调整的，一切事可等他们来了再开始，面对这种在时间上的不合作的病人，医务人员应耐心引导，不可鄙视。

跨文化沟通是一门艺术。要掌握这门艺术，需要医务人员不断学习沟通知识，并在实际工作中努力探索，应用有效的语言和非语言沟通技巧，促进良好的护患关系，降低医患及护患纠纷，提高患者满意度及遵医行为，使患者在诊断、检查和治疗中真正受益。

实践练习：

阅读案例，回答问题：

一、患者，男性，48 岁，美国人，两周前因心前区阵发性绞痛入院，经 ECG、冠脉造影等检查确诊为冠心病。体温：37，脉搏：70 次/分，呼吸：16 次/分，血压：138/76 mmHg。患者精神一般，无其他异常。目前病情基本稳定，计划 3d 后出院。

社会心理资料：患者为美国人，讲英语，信奉天主教，现系某外资企业副总，属高薪阶层，硕士学位。饮食习惯为西餐，喜食牛排、奶酪，不接受中国食品。患者时间观念强，讲求效率。要求固定护士为其服务，并用自己国家的礼节对待中国护士。无家属陪伴，情绪易激动，缺乏耐心，独立性强。

找出这位病人在住院时护理方面的共性和差异。

答：（1）共性方面：照顾目的是控制和缓解心绞痛的症状，治疗冠心病。（2）差异方面：国籍不同，导致一定程度上的语言沟通障碍文化背景不同，患者在对待医疗及护理要求方面有较为特殊的要求。患者独立意识强，不愿依赖别人。

根据文化照顾共性和差异确立护理诊断，该患者住院期间主要存在的护理问题是什么？

答：（1）疼痛与心肌缺血缺氧有关。（2）焦虑与健康状况和角色功能改变、环境和日常生活改变及语言交流障碍有关。（3）语言沟通障碍，与文化和语言差异有关。（4）知识缺乏，与文化和语言差异所致的信息交流不畅有关。（5）不合作（特定的）与患者的文化背景和健康信念有关。

二、香港有一个出身于富裕家庭的孩子，他在香港大学的学习成绩优异，后被美国一所名牌大学录取为研究生。来到美国的最初一段时间，他感到一切都很新鲜，很能适应那里的环境。但过了一些时候，他开始对自己的功课感到失望，并且不喜欢在美国的生活。他曾与一位美国女士交往，但因个性不同而关系破裂。虽然他各科成绩考试及格，但他并不是成绩好的学生。他不愿意让他香港的朋友知道他的窘况。他去学校健康中心向医生诉说他肠胃不好，头痛得厉害，还有腰痛等。医生给他开了许多药，他吃了不但不见效，反而感到身心更加压抑，于是萌生了回香港的念头。

请问，这位香港学生在美国患了什么病？

答：这位香港学生没有患上实质性的病变，他只是遭遇了"文化休克"。

三、患者，男性，52岁，美国人。因登山时不小心摔下高崖，头部受到撞击，检查暂无大碍，身体多处软组织受伤，左腿脚踝粉碎性骨折。医生建议住院观察。护士把他安排在二人间的病室。病人入院后一直闷闷不乐。

患者，男性，53岁，中国人，健谈，爱好唱歌。因车祸中右腿骨折入院接受治疗。入院喜欢听歌曲排遣无聊，与临床美国病友交流屡遭打击，渴望家人、亲戚到医院看望，住院期间情绪一直很低落。

请问：作为医务人员，面对两位情绪低落的病人，你该如何做？

答：了解两位病人的文化特点：美国人重视个人隐私，喜欢独处，不喜欢拥挤的环境，与健谈好客、爱听音乐的中国病友同住一室不合适，建议在条件允许的条件尽量换至单间；中国病人，怕孤单，喜热闹，与美国人无法交流，建议换一相同病友。

四、某夏日2:00过，炎热。某医院CT室门口，一片嘈杂，几十位病人排队等待检查，工作人员非常繁忙，反复要求病人按号排队，不要拥挤、不要插队，为节省时间，提前取下佩戴的金属物品，不要轻易到处走动，随时准备好检查。队伍中一位穿着厚实的藏族女士，双手合十，嘴里一直默念着什么。当检察人员喊她入检查室时，她转过身，双手合十，闭眼抬头，虔诚的祈祷好一会，才忐忑走进检查室，在场人员不断催促，甚至开始咒骂。在检查人员反复强调下，这位藏族病人才慢慢地一件一件摘下身上的装饰品。由于病人较多，检查人员非常着急，把这位藏族病人赶出检查室，让她准备好了再做检查。这位藏族病人出来后十分委屈。请你对此案例中的人员作出评价。

复习思考

1. 跨文化护理理论是由谁创立的（　　　）

    A. 马斯洛   B. 莱宁格

    C. 韩德森   D. 卡利什

    E. 南丁格尔

2. 文化的超地域性，其含义是（　　　）

    A. 有些文化仅存在于某一地域，不是全人类性文化

    B. 文化一旦在某一地域发展，就无法为其他地域所接受

    C. 自然科学先是地域文化，后为超地域文化

    D. 文化随着人类的出现和发展而产生与发展

    E. 文化发展初期，均有明显的超地域特征

3. 莱宁格在跨文化护理理论中主要阐明了（　　　）

    A. 文化关怀是社会发展的基础   B. 护士的职责是为病人提供适应的环境

    C. 专业关怀存在于日常生活中   D. 关怀是护理活动的本质

    E. 护理关怀仅存在于护患关系中

4. 看到白色就会联想到护士，体现了文化的（　　　）

    A. 超个人性   B. 时代性

    C. 传递性   D. 象征性

    E. 继承性

5. 关于文化休克，描述正确的是（　　　）

    A. 身体健康者应对能力弱   B. 儿童较成年人文化休克症状重

    C. 生活阅历丰富者应对能力弱   D. 易适应者应对能力弱

    E. 身体衰弱者应对能力弱

6. 关于莱宁格的跨文化护理理论中的护理程序，描述不正确的是（　　　）

    A. 第一步评估服务对象有关文化的知识

    B. 第二步鉴别和明确跨文化护理中的共性及差异

    C. 第三步制定护理计划和实施护理

D. 第四步评价

E. 莱宁格将护理程序分为六个步骤

7. 王先生初到美国，在住房和交通问题上遭遇挫折，萌生了返回家乡的念头，这种情况属于文化休克发展过程中的（　　　）

    A. 兴奋期　　　　　　　　　　　　B. 意识期

    C. 转变期　　　　　　　　　　　　D. 接受期

    E. 适应阶段

8. 通过专业文化行为和决策帮助服务对象改变其生活方式，塑造一个全新的有利于健康的生活行为，属于跨文化护理方法中的（　　　）

    A. 文化关怀保存　　　　　　　　　B. 文化关怀调适

    C. 文化关怀重建　　　　　　　　　D. 与文化相匹配的护理关怀

    E. 优质护理

9. 当一个人到达一个新环境时，渴望了解新环境中的风俗习惯、语言行为等，并希望能够顺利开展工作，这种表现属于文化休克的（　　　）

    A. 兴奋期　　　　　　　　　　　　B. 意识期

    C. 转变期　　　　　　　　　　　　D. 接受期

    E. 适应阶段

10. 文化休克表现焦虑的生理反应不包括（　　　）

    A. 坐立不安　　　　　　　　　　　B. 哭泣

    C. 失眠　　　　　　　　　　　　　D. 声音发颤

    E. 急躁

第九章

人际沟通在社交中的形式与应用

【学习目标】

1. 掌握通过口语沟通协调人际关系相关知识。

2. 熟悉通过非语言协调人际关系的相关知识。

3. 了解人际沟通在社交中的各种形式。

　　社会中的人和人之间存在着一定的关系，必然要相互接触、相互联系，即进行各种各样的沟通和交往。因此，人际沟通是人类社会存在的重要方式，也是社交中人们相互认识、相互理解、相互合作的重要途径。

　　每个人都会面临不同的人际场合，面对不同的人际问题，出现各种各样人际沟通障碍。如何在频繁而又复杂的社交中，使用正确的沟通方式、运用合理的沟通技巧，十分重要。

第一节　人际沟通在社交中的形式

一、登门访晤技巧

　　登门访晤，也称拜访，是社会交往中必不可少的环节，拜访成功与否，除了要遵循一定的礼仪规范外，主要取决于社交者的口才。下面具体讲述登门访晤技巧。

（一）登门访晤的含义

　　登门访晤，也称拜访，是指为了礼仪或某种特定目的而去到对方家中进行的访问。

（二）日常拜访语结构

　　日常拜访语结构包括进门语、寒暄语、晤谈语和辞别语四个部分。

（三）拜访技巧

1. 进门语

（1）征得主人同意后进门：到了被拜访者的家门口，要先轻轻地敲门，或者短促地按一下门铃。即使门开着，也应很有礼貌地问一声，听到回答后再进入，不要贸然闯入。

如："请问，×××在家吗？"

"请问，屋里有人吗？"

（2）同主人见面后，应立即打招呼：至于怎样打招呼应根据拜访的形式和内容而定。

初访——往往比较慎重

如："一直想来拜访您，今天如愿以偿了！"

"初次登门，就劳驾您久等，真不好意思！"

"真对不起，给您添麻烦来了。"

重访——是关系趋向密切的表现，打招呼就不必多礼。

如："好久没有来看您了"，或者说"我们又见面了，真高兴。"关系密切的，不妨以玩笑的口吻说："我又来了，不招您讨厌吧！"

回访——体现的是"来而不往非礼也"的传统民俗，目的太多出于礼仪或答谢。

如："上次劳驾您跑了一趟，我今天登门拜谢来了。"

"上次托您办事，一定给您添了不少麻烦，今天特地登门拜谢。"

礼仪性拜访——大多与唁慰、祝贺、酬谢等有关，进门语要与有关的唁慰、祝贺、酬谢的内容联系起来。

如："听说您生病住院，今天特地来看望你。"

"好久不见，借您走马上任的东风，给老朋友贺喜来了。"

"听说您的儿子已被××大学录取，特地赶来祝贺！"

2. 寒暄语

寒暄，在社交活动中，寒暄是双方见面叙谈家常的应酬语言。寒暄语有以下技巧：

（1）话题应自然引出：寒暄的内容很广，诸如天气冷暖、小孩的学习情况、老人的健康状况以及最近发生的新闻趣事等，都可以作为寒暄的话题。寒暄时具体谈什么，要有所选择。话题应出于自然，包括墙上的挂历、耳际的音乐等都可引出寒暄语。

如：若天气特别冷，可以从低温谈起。若主人的小孩和老人在场，可以从询问小孩的学习情况，或者从询问老人的健康状况谈起。

（2）寒暄内容一定要符合情境、习惯，不可以随心所欲，信口开河，避免犯禁忌。

如：西方人交往中有"七不问"，即不问年龄、不问婚姻、不问收入、不问住址、不问经历、不问工作、不问信仰。

（3）寻找共同点，建立认同心理：所谓建立认同心理，就是主人和客人都要善于挑选双方都有兴趣或都有共同感受的话题，以求得心理上的接近或趋同。这样，可以沟通感情，为双方进一步交谈创造一个融洽、和谐的气氛。

如：下面的这段对话：

客：这副对联是你自己写的吗？写得真不错！.

主：你过奖了。我不过是跟××老师学过一段时间。

客：你也是××老师的学生，我也曾跟他学过。

主：太好了。看来我们应该称师兄弟了。

这段寒暄语，话虽不多，贵在求同，一下子缩短了双方的心理距离，使双方在感情上靠拢，为进一步交谈营造了一个和谐的气氛。

3. 晤谈语

拜访晤谈技巧：

（1）节制内容：主客寒暄之后，客人应选择适当的时间，用言简意赅的语言说明自己的来意，以免耽误主人过多的时间。一般说来，交谈时间以半小时为宜（朋友之间的随意性拜访除外）。谈得太多，既可能影响拜访主旨的表达，又可能出现"言多必失"的情况，最终会影响拜访目的的实现。

（2）节制音量：登门拜访时，无所顾忌，高谈阔论，会搅乱主人及其家属安静的生活，引起主人的反感。因此，客人谈话应降低音量，保持适度，千万不要敞开嗓门说话。

（3）节制体态语：人们常说，听其言还须观其行。主人对客人的印象来自听觉和视觉两个方面。作为客人应举止文明，避免得意时手舞足蹈，不安时频繁走动，痛苦时捶胸顿足、号啕大哭，或说话时指手划脚等不雅动作。

4. 辞别语　　辞别语即拜访结束后的告别语。

辞别语的使用有以下几种：

（1）同进门语相呼应。

如：礼仪性拜访的 进门语：

"上次托您办事，一定给您添了不少麻烦，今天特地前来拜谢。"在辞别时可这样说："再见，再次感谢您的帮忙。"

"初次登门，就劳驾您久等，真不好意思。"辞别语："今天初次拜访，十分感谢您为我花了这么多时间。"

（2）表示感谢，请主人留步：客人在辞别时，应对主人的热情款待表示谢意，并请主人留步。

如："十分感谢您的盛情款待，再见！"

"就送到这里，请回吧。"

"这件事就拜托您了，谢谢！"

（3）邀请对方来自己家做客。客人告辞时，除对主人表示感谢外，还可邀请主人及家属来自己家做客。

如："老同学，告辞了。您什么时候也到我家坐坐！"

"也请你们一家人来寒舍聊聊。"

注意，邀请对方不可勉强。

（四）登门访晤的注意事项

第一，拜访时间的选择对于实现拜访目的有很大影响。拜访时间有五不宜：清晨、吃饭、午休、深夜均不宜登门拜访。

第二，万不得已做了不速之客，一见面就要说："真抱歉，没打招呼就这么跑来了。"

第三，拜访时交谈的用语和口气，要顾及对方的辈分、地位等，还要看相互间的关系。

第四，拜访者不要忽略适当同主人的家属交谈。

第五，如果是多人拜访，不要一个人抢着说话，要让大家都有机会说话。

第六，对主人的敬茶、敬烟应表示感谢，如果自己要抽烟，应征得主人的同意说："对不起，我可以抽烟吗？"

第七，遇到另有来客，应前客让后客，说："对不起，我有点事。你们谈吧，我先走一步了。"或"对不起，我有点事，失陪了。"

（五）客套话与敬辞举例

对初次见面的人说"久仰"；

对长时间未见面的人说"久违"；宾客到来时说"光临"；

向别人祝贺时用"恭贺"；看望别人用"拜访""拜望"；等候别人说"恭候"；

中途先行一步说"失陪"；

请人勿送时说"留步"；

麻烦别人时说"打扰""有劳""烦请"；

央人帮助时说"劳驾""请费心"；

求人给予方便时说"借光"；

求人原谅说"包涵""海涵""谅解"；

请人指点指教时用"赐教""请教"；

求人解答用"请问"；

赞人见解高明用"高见"；

归还原物时用"奉还"；

自己的作品请人看用"斧正"；

询问别人年龄用"贵庚""高寿""高龄";

询问别人姓名时用"贵姓""大名"。

二、电话沟通技巧

现代社会，各种高科技的手段拉近了人与人之间的距离，即使远隔天涯，也可以通过现代通讯技术近若比邻。事实上，我们在日常的沟通活动中，借用的最多的工具就是电话。电话是目前最方便的一种沟通方式，具有省时、省力、快速沟通的优点。

一个人接听拨打电话的沟通技巧是否高明，常常会影响到他是否能顺利达成本次沟通的目标，学习和掌握基本的电话沟通技巧就尤为必要。

在学习本节内容之前，对照一些常见的电话沟通习惯，请你先回想一下自己通常是如何进行电话沟通的？

问题情境	不良表现	你的实际表现
接听电话时	1. 电话铃响得令人不耐烦了才拿起听筒。	
	2. 对着话筒大声地说："喂，找谁啊？	
	3. 一边接电话一边嚼口香糖。	
	4. 一边和同事说笑一边接电话。	
	5. 遇到需要纪录某些重要数据时，总是在手忙脚乱地找纸和笔。	
拨打电话时	1. 抓起话筒却不知从何说起，语无伦次。	
	2. 使用"超级简略语"，如"我是三院的××"。	
	3. 挂完电话才发现还有问题没说到。	
	4. 抓起电话粗声粗气的对对方说："喂，找一下刘经理。"	
转达电话时	1. 抓起话筒向着整个办公室吆喝："小王，你的电话！"	
	2. 态度冷淡地说："陈科长不在！"就顺手挂断电话。	
	3. 让对方稍等，就自此不再过问他（她）。	
	4. 答应替对方转达某事却未告诉对方你的姓名。	
遇到突发事件时	1. 对对方说："这事儿不归我管。"就挂断电话。	
	2. 接到客户索赔电话，态度冷淡或千方百计为公司产品辩解。	
	3. 接到打错了的电话很不高兴地说："打错了！"然后就粗暴地挂断电话。	
	4. 电话受噪音干扰时，大声地说："喂，喂，喂……"然后挂断电话。	

（一）接听、拨打电话的基本技巧

为了提高通话效果、正确表达思想，请注意下述六点：

1. **电话机旁应备记事本和铅笔**　即使是人们用心去记住的事，经过 9 小时，遗忘率也会高达 70%，日常琐事遗忘得更快。若在电话机旁放置好记录本、铅笔，当他人打来电话时，就可立刻记录主要事项。如不预先备妥纸笔，到时候措手不及、东抓西找，不仅耽误时间，而且会搞得自己狼狈不堪。

2. 先整理电话内容，后拨电话 给别人打电话时，如果想到什么就讲什么，往往会丢三落四，忘却了主要事项还毫无觉察，等对方挂断了电话才恍然大悟。因此，应事先把想讲的事逐条逐项地整理记录下来，然后再拨电话，边讲边看记录，随时检查是否有遗漏。另外，还要尽可能在 3 分钟之内结束。实际上，3 分钟可讲 1000 个字，相当于两页半稿纸上的内容，按理是完全能行的。如果一次电话用了 5 分钟甚至 10 分钟，那么一定是措辞不当，未抓住纲领、突出重点。

3. 态度友好 有人认为，电波只是传播声音，打电话时完全可以不注意姿势、表情，这种看法真是大错特错。双方的诚实恳切，都饱含于说话声中。若声调不准就不易听清楚，甚至还会听错。因此，讲话时必须抬头挺胸，伸直脊背。"言为心声"，态度的好坏，都会表现在语言之中。如果道歉时不低下头，歉意便不能伴随言语传达给对方。同理，表情亦包含在声音中。打电话表情麻木时，其声音也冷冰冰。因此，打电话也应微笑着讲话。

女性在对着镜子说话时，会很自然的微笑，人在微笑时的声音是更加悦耳、亲切的。根据这一原理，在一些大医院的导诊台前，管理者有意在导诊员的桌上放置一面镜子，以促使她们在接听电话的时候自然的微笑，然后通过语言把这一友好的讯息传递出去。

4. 注意自己的语速和语调 急性子的人听慢话，会觉得断断续续，有气无力，颇为难受；慢吞吞的人听快语，会感到焦躁心烦；年龄高的长者，听快言快语，难以充分理解其意。因此，讲话速度并无定论，应视对方情况，灵活掌握语速，随机应变。

打电话时，适当地提高声调显得富有朝气、明快清脆。人们在看不到对方的情况下，大多凭第一听觉形成初步印象。因此，讲话时有意识地提高声调，会格外悦耳优美，就像乐谱中 5（梭）的音域。

5. 不要使用简略语、专用语 "内外妇儿传"这种医院内部习惯用语，第三者往往无法理解。同样，专用语也仅限于行业内使用，普通人不一定知道。有的人不以为然，得意洋洋地乱用简称、术语，给对方留下了不友善的印象。有的人认为西洋学及外来语高雅、体面，往往自作聪明地乱用一通，可是意义不明的英语，并不能正确表达自己的思想，不但毫无意义，有时甚至会发生误会，这无疑是自找麻烦。

6. 养成复述习惯 为了防止听错电话内容，一定要当场复述。特别是同音不同义的词语及日期、时间、电话号码等数字内容，务必养成听后立刻复述、予以确认的良好习惯。文字不同，一看便知，但读音相同或极其相近的词语，通电话时却常常容易搞错，因此，对容易混淆、难于分辨的这些词语要加倍注意，放慢速度，逐字清晰地发音。如 1 和 7、11 和 17 等，为了避免发生音同字不同或义不同的错误，听到与数字有关的内容后，请务必马上复述，予以确认。当说到日期时，不妨加上星期几，以保证准确无误。

（二）接听和拨打电话的程序

1. 注意点

（1）电话铃响两次后，取下听筒：电话铃声响 1 秒，停 2 秒。如果过了 10 秒钟，仍无人接电话，一般情况下人们就会感到急躁："糟糕！人不在。"因此，铃响 3 次之内，应接听电话。那么，是否铃声一响，就应立刻接听，而且越快越好呢？也不是，那样反而会让对方感到惊慌。较理想的是，电话铃响完第 2 次时，取下听筒。

（2）自报姓名的技巧：如果第一声优美动听，会令打或接电话的对方感到身心愉快，从而放心地讲话，故电话中的第一声印象十分重要，切莫忽视。接电话时，第一声应说："你好。这是××公司。"打电话时则首先要说："我是××公司××处的×××。"双方都应将第一句话的声调、措词调整到最佳状态。

（3）轻轻挂断电话：通常是打电话一方先放电话，但对于职员来说，如果对方是领导或顾客，就应让对方先放电话。待对方说完"再见！"后，等待 2～3 秒钟才轻轻挂断电话。

无论通话多么完美得体，如果最后毛毛躁躁"咔嚓"一声挂断电话，则会功亏一篑，令对方很不愉快。因此，结束通话时，应慢慢地、轻轻地挂断电话。

2. 接听电话的程序

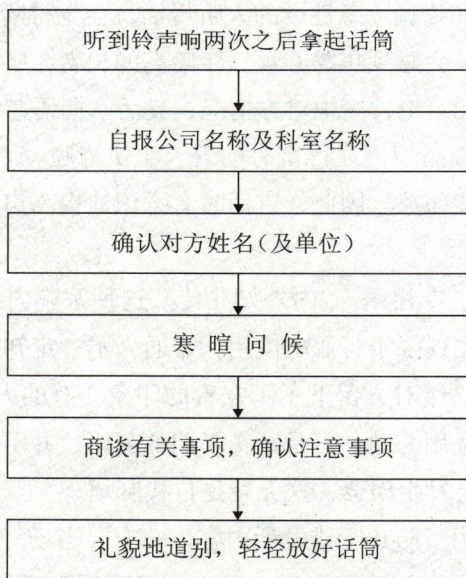

```
┌─────────────────────────────────┐
│   听到铃声响两次之后拿起话筒   │
└─────────────────────────────────┘
                 ↓
┌─────────────────────────────────┐
│     自报公司名称及科室名称     │
└─────────────────────────────────┘
                 ↓
┌─────────────────────────────────┐
│     确认对方姓名（及单位）     │
└─────────────────────────────────┘
                 ↓
┌─────────────────────────────────┐
│           寒　暄　问　候           │
└─────────────────────────────────┘
                 ↓
┌─────────────────────────────────┐
│   商谈有关事项，确认注意事项   │
└─────────────────────────────────┘
                 ↓
┌─────────────────────────────────┐
│   礼貌地道别，轻轻放好话筒   │
└─────────────────────────────────┘
```

3. 拨打电话的程序

在接听或拨打电话的过程中，时常会遇到一些特殊状况，下面介绍应对特殊状况的技巧：

```
┌─────────────────────────────────┐
│   按重要程度整理谈话内容并纪录    │
└─────────────────────────────────┘
                 │
                 ↓
┌─────────────────────────────────┐
│   确认对方工作单位、姓名及电话    │
└─────────────────────────────────┘
                 │
                 ↓
┌─────────────────────────────────┐
│     自报公司名称及本人姓名        │
└─────────────────────────────────┘
                 │
                 ↓
┌─────────────────────────────────┐
│         寒 暄 问 候               │
└─────────────────────────────────┘
                 │
                 ↓
┌─────────────────────────────────┐
│    商谈有关事项，确认注意事项      │
└─────────────────────────────────┘
                 │
                 ↓
┌─────────────────────────────────┐
│    礼貌地道别，轻轻放好话筒        │
└─────────────────────────────────┘
```

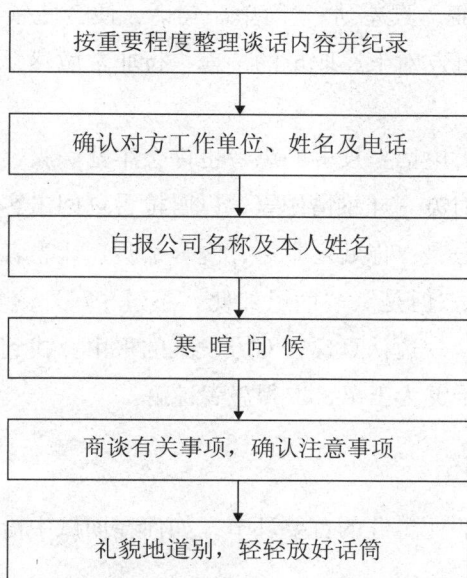

（1）听不清对方的话语：当对方讲话听不清楚时，进行反问并不失礼，但必须方法得当。如果惊奇地反问："咦？"或怀疑地回答："哦？"对方定会觉得无端地招人怀疑、不被信任，从而非常愤怒，连带对你印象不佳。但如果客客气气地反问："对不起，刚才没有听清楚，请再说一遍好吗？"对方定会耐心地重复一遍，丝毫不会责怪。

（2）接到打错了的电话：有一些职员接到打错了的电话时，常常冷冰冰地说："打错了。"最好能这样告诉对方："这是××公司，你找哪儿？"如果自己知道对方所找公司的电话号码，不妨告诉他，也许对方正是本公司潜在的顾客。即使不是，你热情友好地处理打错的电话，也可使对方对公司抱有初步好感，说不定就会成为本公司的客户，甚至成为公司的忠诚支持者。

（3）遇到自己不知道的事：有时候，对方在电话中一个劲儿地谈自己不知道的事，而且像竹筒倒豆子一样，没完没了。职员碰到这种情况，常常会感到很恐慌，虽然一心企盼着有人能尽快来接电话，将自己救出困境，但往往迷失在对方喋喋不休的陈述中，好长时间都不知对方到底找谁，待电话讲到最后才醒悟过来："关于××事呀！很抱歉，我不清楚，负责人才知道，请稍等，我让他来接电话。"碰到这种情况，应尽快理清头绪，了解对方真实意图，避免被动。

（4）接到领导亲友的电话：领导对部下的评价常常会受到其亲友印象的影响。打到公司来的电话，并不局限于工作关系。领导及先辈的亲朋好友，常来与工作无直接关系的电话。他们对接电话的你的印象，会在很大的程度上左右领导对你的评价。

例如：当接到领导夫人找领导的电话时，由于你忙着赶制文件，时间十分紧迫，根本顾不上寒暄问候，而是直接将电话转给领导就完了。当晚，领导夫人就会对领导说："今天接电话的人，不懂礼貌，真差劲。"简单一句话，便会使领导对你的印象一落千丈。可见，领导及先辈的亲朋好友对下属职员的一言一行非常敏感，期望值很高，请切记时刻严格要求自己。

（5）接到患者的投诉电话：投诉的患者也许会牢骚满腹，甚至暴跳如雷，如果作为被投诉的你缺少理智，像对方一样感情用事，以唇枪舌剑回击客户，不但于事无补，反而会使矛盾升级。正确的做法是：你处之泰然，洗耳恭听，让患者诉说不满，并耐心等待患者心静气消。其间切勿说："但是"、"话虽如此，不过……"之类的话进行申辩，应一边肯定患者话中的合理成分，一边认真琢磨对方发火的根由，找到正确的解决方法，用肺腑之言感动患者。从而，化干戈为玉帛，取得患者谅解。

三、应聘面试技巧

应聘面试，是开启职业生涯的首要环节，如何在面试中恰到好处地展示自己，给考官留下最佳印象呢？

（一）在语言的表达上，要做到准确、精练、平易、生动

一要准确。要掌握答题的思维技巧，遣词造句要能准确表情达意，如实反映自己的思想。切忌故弄玄虚、华而不实和生造词语。

二要精练。简洁洗练，要言不烦，言简意赅，适当运用成语、谚语和简短明快的短句。力戒空话套话、口头禅和重复累赘之语。

三要平易。面试答题应尽量通俗易懂，多用口语化的语言和明快的短句，多用自己的语言。四要生动。要掌握语言技巧，不能用呆板的念稿子似的语调来回答问题，那样只会降低吸引力。应吐字清晰，嗓音响亮悦耳，圆润柔和，富有情感。要注意语调，说话时应掌握语法重音和逻辑重音，根据语义、语法及思想感情表达的需要而使语音显出高低、抑扬、快慢、轻重和停顿等变化。

（二）在行为举止上，要尽量做到神情自若，优雅大方

由于面试的时间有限，高超的体态语言会给评委留下深刻的第一印象，是面试走向成功的良好开端。相反，如果体态语言笨拙，由于"晕轮效应"的作用，要想在有限的时间内通过精彩的答题来弥补和扭转不良印象，难度可想而知。那么，如何运用好体态语言呢？一是要注意表情，以笑达意，以眼传神。适时的微笑能够融洽参试者与考官之间的关系，缩短彼此的心理距离，给人以美感，表达出愉悦的的情绪体验和积极的心境。二是要注意行为语言，坐姿要端正，举止要得体。坐立行走时要挺直脊梁。坐下后要两腿自然靠拢，给人以精神振奋的感觉。手的摆放要自然，在讲话时可以适当地添加一些辅助的手势，以吸引别人的注意，并起到强调的作用，但切不可手舞足蹈，给人作风漂浮的错觉。

（三）有声语言和动作语言应适时互补

面试时回答问题的内容再好，若表情刻板，冷若冰霜，也会使语言表达逊色，让人觉得乏味，影响到面试的成绩。当然，也要防止体态语的乱用，不要老是无目的、单调、机械地重复某种动作，防止体态动作太碎、太多，给人留下不够庄重的印象。

（四）在服饰仪表上，要衣冠整洁，头发、胡须要整理干净

外表在很大程度上决定着人的第一印象，着装应依据整洁、新颖、协调的原则，注意适合干部工作的职业特点和面试考场环境。要符合自己的气质，并能弥补性格的缺陷；根据人的审美感的需要，着装上的冷暖色调与应试者性格的刚柔特色中和；要通过合适的服饰打扮来扬长避短，如体形胖者穿衣颜色宜深，产生紧缩和匀称感，瘦者则应相反；此外，还要符合性别和年龄特征。

四、社交性交谈

交谈，是社会交际的重要手段，是双方的活动。"双方"，有时是对等的，有时有主动与被动之分。不管双方的关系如何，也不管自己在交谈中处于怎样的地位，要使交谈顺利进行，都要尽可能多地了解对方，并采取适当的语言和态度。交谈又是个动态的过程，所以，要随时注意情况的变化，调整自己言谈的内容与态势。由于目的和内容的不同，交谈又有许多不同的方式。在这里，我们介绍几种常见的社交性交谈方式。

（一）寒暄与攀谈

寒暄，本指社交双方见面时谈天气寒暖的应酬话，后来也就不限于谈天气了。作为社交手段，它的基本作用是表明自己见到对方的喜悦，同时也表明自己的友好态度，以联络感情，保持友好的关系。所以，在交往中一般不能光从"信息"的意义上来理解寒暄用语。寒暄的第一步是打招呼。这看似简单，其实也有许多讲究。比如，时间不同，地方不同，或在不同的场合，打招呼的用语、方式都应有所不同。打招呼时的称呼用语也都有讲究，要考虑地域特点，时代风气，甚至对方的心理需求。寒暄，往往是攀谈的铺垫。寒暄之后，如果还要"共处"一段时间，那就要攀谈。攀谈是一种没有特定功利目的的交谈。首先要学会寻找话题，也就是解决跟对方"聊"什么的问题。一般要从"相似性"因素入手，如地域相似、职业相似、遭遇相似等；其次是从对方感兴趣的地方入手，或从热门的新闻话题入手。寻找话题时要注意什么是可谈的话题，什么是应回避的话题。比如，在陌生人面前谈自己的苦恼，说自己朋友的缺点，或主动谈自己的成就、地位，在欢乐的气氛中讲悲惨的事情，跟年老病弱的人谈论死亡等，都是话题选择的误区，应该有意识地回避。话题展开之后，要保持良好的态度和适度的热情。要谦和，要给对方说话的机会；要专注，要善于在交谈中捕捉信息（包括有声语言和无声语言两方面的信息），并要对对方的话作出适当的反应等。否则，交谈就可能持续不下去，以致中断。交谈中，如果发现对

方对话题不感兴趣了，或自己不愿再就此谈下去了，要及时转移话题，以使交谈得以继续下去。

如：

甲：你像是苏州人？

乙：是啊。您是怎么知道的？

甲：听你的口音呗，苏州一带的人发音很有特点，喏，只有 z、c、s，没有 zh、ch、sh。

乙：看来你对苏州话很熟，特点抓得挺准。

甲：我曾在苏州呆过十多年，咱们还算是半个老乡。

乙：可不是！幸会！幸会！

这是一个寒暄的片段，看起来仿佛没有多少意义，但这是人际交往中不可缺少的一环。甲很懂得交谈的艺术，他从观察（听）中发现了与对方的"地域相似"因素，便从此入手，拉上了"半个老乡"的关系，彼此一下子就变得亲近起来，如果想继续交谈下去，就不会有什么困难了。

（二）提问与回答

这是常用的交谈方式之一。提问，可分为有疑而问和无疑而问两种情况。我们这里只说有疑而问。既是有疑而问，自然期望对方回答，所以除了礼貌问题、态度问题之外，还有一些技巧要学习。有了问题，找什么人去问，在什么时机发问，都要考虑。问道于盲，自然不能得到满意的回答，如果人家正在紧张地工作，你突然去打扰他，他一般也不会乐于回答你的问题。提问还要讲究方式。比如，要抓住最关键的问题，要提得具体，要讲究顺序；如果对方起初拒绝回答，如何转换方式，以便最终达到目的等。回答问题，不仅需要相关的知识，也需要交际经验和语言艺术。比如，要注意提问者提问的环境前提，即是什么人在什么情况下提的问题，注意到这一点，回答才能切中肯綮。再比如答问的方式，在不同情境里，面对不同人物、不同问题，应该有所区别。可以用直答法，就是不回避，不含糊，直截了当地回答问题。也可用曲答法，这也是一种明确的回答，但答得不那么直接，是委婉、曲折地说出自己的答案。此外还有避答法，这是拒绝回答、避而不答的方式。有时由于客观条件的限制，或是由于主观情感的选择，对别人的提问不能或不愿做出回答，就可用避答法，直接说"不知道""不清楚"，模棱两可、不置可否，转移话题、故意"打岔"等，都是"避答"的具体方式。

（三）规劝与说服

在生活中，我们常常需要诱导、鼓励别人去干什么，或者劝止别人去干什么，或者同时既要求别人去干什么，又要求他不去干什么，这就是规劝与说服，通称劝说。劝说，要动之以情，晓之以理，导之以行，所以也是一种重要的说话能力。劝说，首先要了解情况。没有调查就没有发言权，这句话完全适用于劝说活动。劝说，要注意"心理相容"，就是劝说者要使自己的话语让对方在心理上能够接受。如果对方一见你就产生戒备之心或有厌恶之感，你的劝说就不易收得成效。达到心理相容的方法很多，如站在对方的立场想问题，做他的"贴心人"；为对方的利益着想，做他的"谋利人"；摆出自己与对方的相同遭遇或相同愿望，做他的"同路人"等。劝说，要保持公正客观的态度。如果对方发现你心怀私念，或有所偏袒，你的劝说就很难起作用。劝说的具体方法也有种种不同。有直劝法，就是在心理相容的前提下，直截了当地劝对方怎样做或不要怎样做。当然，这要有充分的理由。有婉劝法，讲个故事，打个比方，或用其他委婉的方法间接地进行劝说。有迂回法，就是先绕一个弯子，最后回到要说的本题上来。这"绕弯子"的过程常常就是求得心理相容的过程。此外，还有悬念法、激将法等，都可以酌情采用。

（四）请托与拒绝

请托，就是请人帮忙，托人办事，邀请人参加某项活动等。拒绝，就是对别人请托的推辞。

请托有一些讲究。首先，要知己知彼，恰当地确定请托对象：自己到底需要什么样的帮助？被请托的人有没有这样的"实力"？与自己的关系如何？他肯不肯帮这个忙？这些问题在张口求助之前一定要考虑好，不能"慌不择路"，"有病乱投医"。请托还要把握时机，讲究方式方法，说明所求事宜要实事求是。在初步遭到拒绝时，不要轻易放弃，而要灵活机变，对自己的请求要适当地坚持一下。成功往往就在"坚持一下"的情况下获得。如果最终被人拒绝，要保持礼貌，正确对待，自己做一点"善后"工作，千万不可任气翻脸，"晴转多云"。

拒绝，有时比请托还难。一般说来有这样几条要加以注意。一是保持适当的心理距离。既知对方有所请托，自己又不能或不愿答应，从一开始就不要表现得十分热情。这样，对方就会有了可能被拒绝的"预感"，也许根本就不提了；即使提了，答复他一个"不"字也较容易出口。二是要说明拒绝的理由，以求得对方的理解。三是给予适当的"补偿"，这补偿可以是心理上的，也可以是事实上的，比如帮他提出另外可行的方案，答应在别的时候、别的方面给予帮助等。

五、沟通礼仪技巧

我国自古就有着"人无礼而不生，事无礼而不成，国无礼而不宁"（《荀子·修身》）的说法，礼仪是人类文化的结晶、社会文明的标志和人类交往的行为规范，它也是人类为维系社会正常生活而要求人们共同遵守的最起码的道德规范，是人们在长期共同生活和相互交往中逐渐形成，并且以风俗、习惯和传统等方式固定下来的。

（一）礼仪的内涵

所谓礼仪，是指人们在社会交往活动中形成的应共同遵守的行为规范和准则，涉及穿着、交往、沟通等内容，具体表现为礼节、仪表等。也指人们在社会交往中由于受历史传统、风俗习惯、宗教信仰、时代潮流等因素的影响而形成，既为人们所认同，又为人们所遵守，以建立和谐关系为目的的各种符合礼的精神及要求的行为准则或规范总和。

（二）沟通礼仪技巧

1. 目光　在公事活动中，用眼睛看着对话者脸上的三角部分，这个三角以双眼为底线，上顶角到前额。如果你看着对方的这个部位，会显得很严肃认真，别人会感到你有诚意，也能把握谈话的主动权和控制权。在社交活动中，也是用眼睛看着对方的三角部位，这个三角是以两眼为上线，嘴为下顶角，也就是双眼和嘴之间，当你看着对方这个部位时，会营造出一种社交气氛，让对方感到放松。这种凝视主要用于茶话会、舞会及各种类型的友谊聚会。

2. 微笑　微笑可以表现出温馨、亲切的表情，能有效地缩短双方的距离，给对方留下美好的心理感受，从而形成融洽的交往氛围。微笑是人际交往的润滑剂，是广交朋友、化解矛盾的有效手段。微笑要发自内心，不要假装。

3. 握手　它是一种常见的"见面礼"，貌似简单，却蕴涵着复杂的礼仪细节，承载着丰富的交际信息。比如：与成功者握手，表示祝贺；与失败者握手，表示理解；与悲伤者握手，表示慰问；与欢送者握手，表示告别等。标准的握手姿势应该是平等式，即大方地伸出右手用手掌和手指用一点力握住对方的手掌。另外还有一些需要注意的是：一是男女之间，女士伸出手后，男士才能伸手相握。二是握手的时间通常是3~5秒钟。匆匆握一下就松手，是在敷衍；长久地握着不放，又未免让人尴尬。三是握手时不可以把一只手放在口袋。

4. 在用言语与别人交流时应掌握的礼仪　（1）使用称呼就高不就低：比如见到副院长应该叫院长好而不是副院长好。（2）入乡随俗：当你到其他地方拜访时，不能说主人的东西不好，所谓客不责主，这也是常识。（3）摆正位置：在人际交往中下级要像下级，上级要像上级，同事要像同事，客户要像客户。摆正位置才有端正态度可言，这是交往时的基本命题。（4）以对方为中心：尊重自己尊重别人，恰到好处地表现出来，就能妥善地处理好人际关系。（5）忌打断对方：双方交谈时，上级可以打断下级，长辈可以打断晚辈，平等身份的人是没有权力打断对方谈话的。万一你与对方同时开口说话，你应该说"您请"，让对方先说。（6）忌补充对方：有些人好为人师，总想显得知道得比对方多，比对方技高一筹。出现这一问题，实际上是没有摆正位置，因为人们站在不同角度，对同一问题的看法会产生很大的差异。譬如你说北京降温了，对方马上告诉你哈尔滨还下大雪了。（7）忌纠正对方：除了大是大非的问题必须旗帜鲜明地回答外，人际交往中的一般性问题不随便与对方论争是或不是，不要随便去判断，因为对或错是相对的，有些问题很难说清谁对谁错。除此以外，我们在交谈中还应注意赞美行为而不是空洞的赞美个人，客套话也要适可而止，不懂不要装懂，避免不该出口的回答等。

礼仪是一张人际交往的名片，文明礼仪可以帮助我们"规范言谈举止，学会待人接物；塑造良好形象，赢得社会尊重；架设友谊桥梁。"礼仪又是我们获得成功，创造幸福生活的"通行证"。所以说，知礼懂礼，注重文明礼仪，是每个人立足社会的基本前提之一，是人们成就事业，获得美好人生的重要条件。

第二节　人际沟通在社交中的应用

生活在这个社会之中，每天身边都会出现形形色色的人，而能够与我们产生一定关联的，很多会成为我们交往的对象。我们之间会存在某种共同的问题、兴趣或利益，我们相互影响，而在这往返之间必将存在着一定的社会交往。良好的社交能力以及良好的人际关系是人们生存和发展的必要条件。人际沟通是人们生活中必不可少的组成部分，也是公共关系活动中的重要内容。

一、通过口语沟通协调关系

口语沟通是指人们运用有声的语言进行的信息沟通。最常见的是人与人之间的交谈或谈话，此外还有演讲、开会讨论、通电话等。

口语沟通是一门艺术，如何有效地进行口语沟通呢？我们主要讨论面对面交谈、赞美、批评、拒绝、争辩等。

（一）交谈

狄摩西尼曾经说过，交谈是了解一个人的最好办法。在生活中每个人都需要与他人进行交谈，而且每个人一天工作中的大部分时间都在交谈。国外学者给出的沟通行为比例分别是：40% 倾听，9% 书写，16% 阅读，35% 交谈，交谈是人际沟通的一部分。与人际沟通过程一样，交谈是通过一套共同规则互通信息的过程。因此，交谈是一种特定的人际沟通方式，通常涉及提问和回答等带有交换信息或满足个体需要的目的。交谈的一般方法主要有：

1. 内容准备　如果你对自己将要进行的谈话一无所知，就不大可能很好地参与谈话。你不仅要了解谈话的主题，而且还要了解谈话的对象、方式和谈话的目的。

2. 交谈对象　交谈是有意识的，互动性的，首先需要明确交谈对象，要知道自己将要和谁进行交谈。这主要从两个方面来明确交谈对象：①对方的个性特征；②对方的心理特征。例如：贸易上的交谈、医患之间的交谈、丈夫妻子之间以及和孩子之间的交谈。所以在确定交谈对象的同时，还应从个性特征和心理特征入手。

3. 交谈的目的　既然交谈是有意识的，需要参与者将谈话的焦点保持在一个特定的话题上，这就是交谈的目的性，一般的谈话可以涉及各个方面，特定的交谈需要有特定的交谈对象和特定的话题，也就是交谈的目的。

4. 交谈主题　也即谈论什么，信息内容是什么？事实上，你什么都可以谈。你可以谈论新闻、球赛、时装、电影、也可以谈谈你的观点和想法。人们交谈的目的之一，是与别人进行交流。当你发现别人和你的想法和观点一致或不一致时，都会有不同的感受。因此，选择话题的最佳方式，是和你的交谈对象谈论他最关心、最熟悉、最自豪的事情。当你这样做时，不仅会受到欢迎，还会使你的话题获得扩展。

5. 交谈方式　交谈的方式应根据交谈的主题和交谈对象不同，来决定不同交谈方式（封闭式或开放式）。在进行交谈前，你要了解不同交谈方式的特点，根据交谈的内容需要，选择适合的交谈方式，这样才能取得交谈的成功。

6. 营造氛围　选择合适的时机与地点。包括：

（1）时间：就时间而言，谈话者需要认真选择交谈的时间、时机和顺序，以期获得良好的谈话效果。与人约会见面能否准时，这反映出你对这次会面和会面者的态度。交谈时间的长短，也同样反映出交谈双方关系的密切程度。另外，交谈时间的选择也反映出你的礼仪修养。交谈常见的是随意性，这就要求我们要善于捕捉交谈时机。成事不说：已经决定的事情就不要评价；遂事不谏：正在做的事情不要去劝谏、既往不咎。交谈语言的顺序不同，传递的信息也就不同。通常我们将所要强调的重要部分在后面出现。

（2）地点：选择一个良好合适的谈话地点十分重要，这不仅使谈话过程变的轻松愉快，而且对谈话结果也起到关键的作用。不同的谈话内容和谈话性质，应当选择不同的场合，如情侣约会、朋友聚会、业务谈判等应选择合适的谈话场所。

（3）距离：交谈距离，也就是谈话双方的空间距离的远近。这是由其心理距离的远近决定的，两者的关系为正比关系。在一般情况下，人们交往的空间距离分为以下四种：

——亲情距离：通常在20厘米左右。如情侣、家人、密友之间的距离。有时在一些外交场合上的礼节如拥抱、亲吻等。

——熟识距离：通常在1米左右，如同学、同事、邻居、朋友之间的距离。

——交际距离：通常在1～2米之间，较正式的非私人交往，如接见来访、业务谈判等都属于这种类型，表现得比较严肃。

——陌生距离：通常在2米开外，在此种距离下的交谈仅仅是打招呼而已。

7. 选择对方的关注点　在日常工作和交往中，常常会出现这样一种现象：对自己关心的事情会立即产生高度兴奋。用这种对方关心的事情激发对方的交谈兴趣，产生共鸣，从而使对方无所不谈，畅所欲言。

8. 寻求共同点 好的交谈氛围是使交谈顺畅的基本前提。交谈双方如果见解相同或相似，语言风格相近，才能比较容易造就良好的氛围。寻找共同点大致有以下几种途径：

（1）通过语音：语音即说话的声音，它由口音、语速、语调等组成。交谈双方要尽量使语速、语调保持相近，若口音差别较大，要取得一致也难度较大。

（2）通过语句：如果双方多运用一些对方熟悉的、容易接受的词语，就能形成语句上的接近。如果对方喜好运用成语、典故来体现出深厚的文化功底，你也应使用类似的成语、典故来迎合对方，体现出你对他的尊重和认同。

（3）通过风格：谈话风格是交谈者运用语言所表现出来的各种特点的总和。从用语的角度来看，有的简洁朴素，有的华丽丰富；从语言角度看，有的刚健，有的柔婉；从表达方式看，有的明快，有的含蓄；从文化角度看，有的典雅，有的通俗；从表达情态看，有的庄重，有的诙谐。言如其人，一个人的语言风格是一个人思想等方面的外在反映，因此，有必要在交谈之前了解对方的谈话风格，适当地和交谈者的语言风格保持相近，不仅不会丧失自己的个性，而且能体现自己的语言智慧，从而达到成功交谈的目的。

（二）赞美

从小我们就希望得到老师和家长的认同。要建立并维持良好的人际关系，还必须懂得开口赞美他人，因为每个人内心深处最持久、最深层的渴望是对赞美的渴望。学会赞美别人是日常交流过程中的秘密武器。赞美前要注意：①因人而异；②情真意切；③合乎时宜；④详实具体；⑤特殊场合的赞美。

（三）批评

出于某些特殊的原因，需要对人进行批评时，我们要注意以下几点：一是注意场合，尽量在私下里进行批评；二是亲切开场——以亲切的话语或称赞作为批评的开场白。三是对事不对人；这一点在赞美别人时也是适用的；四是以暗示代替直言；五是以关怀代替质问；六是以建议代替责难；七是请求协作而不是要求；八是在友好的方式中结束。

对我们作为批评对象时，如何对待批评？首先对有益的批评表示接受并致谢，拒绝不合理的批评，其次，要求对方给你思考的时间，确切弄清楚批评的内容，最后尝试礼貌地去询问，切忌人身攻击。

（四）拒绝

当你拒绝别人的要求时，注意以下七项有关拒绝接受请求的要领：

1. 无法当场决定接受或拒绝请求 则要明白地告诉请求者仍要考虑，并确切地指出所需要考虑的时间，以消除对方误以为是在以考虑作挡箭牌。

2. 拒绝接受请求 应显示对请求者请求已给予庄重的考虑，并显出已充分了解到这种谋求对请求者的重要性。

3. 拒绝接受请求 除了应显露和颜悦色的表情外，仍应显露坚定的态度。这即是说，不要被请求者说服而打消或修正拒绝的初衷。

4. 拒绝接受请求者 最好能对请求者指出拒绝的理由。这样做，将有助于维持与请求者保持原有的关系。但这并不意味着对所有的请求拒绝都必须附以理由，有时不申诉理由反而会显得真诚。例如：偶尔对频频请求的人和颜悦色地说："真抱歉，这一次我将无法效力，希望你不介意！"相信不至于产生不良的后果。但是一旦你附以拒绝的理由，则只须重复拒绝，而不应与之争辩。

5. 要让请求者了解拒绝的本意 你所拒绝的是他的请求，而不是他本身。这即是说，你的拒绝是对事而不是对人的。

6. 拒绝接受请求之后 如有可能你应为请求者提供处理其请求事项的其他可行途径。例：推掉兼课。

7. 切忌通过第三者拒绝某人的请求 因为一旦这么做，不仅足以显示你的儒弱，而且在请求者心目中会认为你不够诚挚。

（五）辩解

当我们的形象因为自身某些可疑行为遭到误解的时候，就要使用自我辩解。从人际沟通的角度看，辩解就是通过控制人们对交流者人际行为的理解，分清行为责任，不让自我成为某些非自身原因所造成事件的牺牲品，从而维护自己的正当利益。自我辩解应当建立在真诚和坦率之上，通过交流行为表示对自我的尊重，也表示对他人的尊重。正是因为这样，我们认为有效的辩解既不能等同于狡辩和诡计，也不是言语侵犯的同义词。

自我辩解的主要手段是提供恰当的、令人信服的理由，也就是说，如果自身行为确实给他人造成了危害或不信任的印象，要求交流者用道歉和借口来弥补损失，即通过这样的形式避免为某些行为担负人际责任。

1. 自我辩解的类型

（1）借口：宣称事故由意外原因，运用不知情作为借口，避免为行为和后果负责任。

（2）辩护：否认行为给他人或事情造成了伤害。虽然承认给对象造成了伤害，但否认对象具有的价值，用"忠诚"二字为自己辩护。

（3）道歉和请求谅解：道歉和请求谅解比借口和辩护更可能被人认为是礼貌、可取和有效的自我辩解。

2. 处理尴尬

（1）失礼：是指交流者刻意表现的行为，但人们认为是不恰当的。例如：把非正式服装当正式服装穿。

（2）失误：行为有缺陷，但并非完全不当，或者不是有意实施的有缺陷的行为。例如，在商场购物使用假币（自己不知道是假币）。

（3）事故：非故意的不当行为。例如，跌落、摔跤、溢出、撕破衣服等。

（4）敏感事件：他人责备或批评引起的尴尬；不愿为人所知的隐私被人注意或从事某项私人活动时与人不期而遇。

二、通过书面沟通协调关系

书面沟通是指人们运用无声的书面语或以书面文字为载体进行的信息沟通。它包括写信、发通知、备忘录、信件、电子邮件、传真等。

通过书面沟通来协调关系时，我们遵循"7C"准则，它是书面沟通的基本准则：

1. 完整（complete） 职业文书应完整表达多要表达的内容和意思，何人、何时、何地、何种原因、何种方式等（5W1H）。

2. 准确（correctness） 文稿中的信息表达准确无误。从标点、语法、词序到句子结构均无错误。

3. 清晰（clearness） 所有的语句都应能够非常清晰地表现真实的意图，读者可以不用猜测就领会作者的意图，避免双重意义的表示或者模棱两可。

4. 简洁（conciseness） 即用最少的语言表达想法，通过去掉不必要的词，把重要的内容呈现给读者，节省读者时间。

5. 具体（concreteness） 内容当然要具体而且明确，尤其是要求对方答复或者对之后的交往产生影响的函电。

6. 礼貌（courtesy） 文字表达的语气上应该表现出一个人的职业修养，客气而且得体。最重要的礼貌是及时回复对方，最感人的礼貌是从不怀疑甚至计较对方的坦诚。

7. 体谅（consideration） 为对方着想，这是拟定职业文书是一直强调的原则——站在对方的立场

三、通过非语言协调关系

语言在沟通中只起到了方向性或规定性作用，而非语言行为才准确地反映出话语的真正思想和感情。非语言沟通是指语言以外的体态语言和语调等为媒介的交流行为。大体上分为表情语言、动作语言、体态语言三大部分。

美国加州大学洛杉矶分校的一项研究表明，个人行为表现给人的印象，7%取决于用辞、38%取决于音质、55%取决于非语言沟通。

由肢体所展现的"语言"往往能将本人一些未说出口的东西显露出来。当然，有时是有意识的，如演员的表演，有时则是无意识的，甚至是自己无法控制的。

（一）形体语

1. 面部表情语 通过不同的面部表情，可以表达不同的含义，我们在社交中，要学会

"察言观色"。例如：哭丧着脸：很不满、失望、义愤填膺；板着面孔：不满意、不高兴；脸色变红，难为情，心理紧张；脸色苍白：悲哀、极端惊恐；脸色发青：万分愤慨；微笑：可以使人际间变得友好，关系和谐；真诚的微笑：热情、富有同情心、善解人意；虚假的微笑：奉承、迎合、矫揉造作、缺乏自信；动人的微笑：内心愉快。

嘴巴是说话的工具，也是摄取食物和呼吸的器官之一，它有吃、咬、吮、舐等多种动作形式。这些动作形式也传达丰富的情绪信息。嘴角上翘，表示豁达、随和、容易被说服。抿住嘴唇，往往表现出意志坚决，如果抿紧嘴唇，且避免接触他人的目光，可能表明他心中有某种秘密，此时不想暴露。唇角向后缩，表示对你说话感兴趣，在倾听。嘴自觉地张着，呈现出倦态疏懒的模样，说明他可能对自己所处的环境感到厌烦。撅着嘴，是不满意和准备攻击对方的表示。注意倾听对方谈话时，嘴角会稍稍向上拉。咬嘴唇，遭到失败时，咬嘴唇是一种自我惩罚的动作，有时也表明自我解嘲的内疚的心情。不满和固执时，往往嘴唇下拉，掩口而笑，往往是性格内向的人。

颈部是连接头部与身躯的关键部位，也是传达情绪信息的关键部位。点头与摇头，一般来说点头是表示肯定的意思，摇头是表示否定的意思。由于文化不同，不同国家会产生差别：例如保加利亚肯定是左右摇头，让对方看见耳朵，否定时则先将头后倒，然后向前弹回。而叙利亚肯定时头先向前倒，然后弹回，否定时头先向后倒，然后弹回。

点头除表示"是""肯定"之外，有时仅是向说话者表示"应和"的意思。认真地、有节奏地"应和"，是向对方表示"我正在注意倾听你的说话"。若是机械地应和，频频点头，至多表示形式上的敬意和礼貌，实际上对说话的内容不感兴趣。低着头听人说话 是在表示严厉地评价对方说话内容的表现，多半倾向于否定。垂头，是体力与精力不支的表现，垂头加丧气，则是忧郁和苦恼情绪的反应。

2. 眼神语 眼睛是心灵的窗户，因此，眼睛在社交沟通中具有非常重要的功能。

（1）爱憎功能：善良的目光可以化解矛盾、打破僵局，使交流得以继续。深切地注视是崇敬的表示；眉来眼去、暗送秋波是情人沟通感情的形式；横眉冷眼则是仇人相见的目光接触。

（2）威吓功能：用眼睛长时间盯着对方有一种威吓功能。警察对罪犯、父亲对违反规矩的孩子，常常怒目而视，形成无声的压力。

（3）补偿功能：例如：两个人面对面地交谈，说者在表达思想内容一段时间后，将视线转向听者面部，这是暗示等待听者的反馈意见。

（4）显示地位功能：如果职位高的人和职位低的人谈谈，那么，我们可以看出，职位高的人投向职位低的人的目光要多于职低的人投来的目光。

黑格尔说：人们从眼睛里可以认识到内在的、无限的、自由的心灵。一个人眼神可以传递各种不同的信息。目光的运用应配合情感和传递内容和变化，使传情达意的作用更加明显。眼神的运用也可表现自我、展现自己的内在修养和为人。

眼神交流时应当做到：一是目光专注：五秒钟恰恰好，五秒钟是大多数人在与人交谈、眼神交错时，最感适切的眼神暂停时数。二是看准位置：与人交谈时，因场合不同眼神的位置也各不相同，一般分为三种：公众场合：注视的位置在对方脸部，以双眼为底线，上到前额的三角部分，给人一种严肃认真的感觉，让对方觉得你有诚意。社交场合：注视的位置在对方唇心到双眼之间的三角区域。让人感到轻松自然，用于舞会及各种聚会。亲密场合：注视的位置在对方双眼到胸之间。对象是亲人、恋人、家庭成员等。切忌死盯对方眼睛或脸上的某个部位，因为这样会使对方难受、不安，甚至有受辱之感。三是虚实结合：同较多的人谈话的场合，我们的目光要虚实结合，可以采用好像在看什么地方、看什么听众，但实际上什么也没看。

不同的眼神，也有不同的作用。主要有以下几种：

注视：（1）直视与长时间的凝视可理解为对私人空间或势力圈的侵犯，所以是不礼貌的。（2）与人交谈时，视线接触对方脸部的时间应占全部谈话时间的30%～60%；超过这一平均值，可认为对谈话者本人比谈话内容更感兴趣；低于此平均值，则表示对谈话内容和谈话者本人都不怎么感兴趣。（3）倾听对方谈话时，几乎不看对方，那是企图掩饰什么的表现。女性对此表现得更为明显，往往内心喜欢对方，又不想用直观方式表露出来，只能用不看对方的方式来抑制深层心理中的欲望。（4）眼神闪烁不定反映出精神上的不温柔和性格上的不诚实；不愿双目交接者，是由于心中隐藏着某件事而有所歉疚。（5）回避对方的视线，是不愿被对方注意自己的心理活动。（6）睁大眼睛看人是对对方感到极大兴趣的表示。（7）眨眼也属于注视方式之一。眨眼一般每分钟5～8次，若眨眼时间超过一秒钟就为闭眼。时间超过一秒钟眨眼表示厌烦，不感兴趣，或表示自己比对方优越，有轻视或蔑视的意思。（8）在一秒钟之内连续眨眼几次，是神情活跃，对某事物感兴趣的表现；有是也可理解为由于个性怯懦或羞涩，不敢正眼直视而做出不停地眨眼动作。

视线交流角度：（1）视线向下，表现父母、长辈对子女的爱护、爱怜与宽容的心理状态。（2）保持平视，是基于理性与冷静思考和评价的成人心理状态。（3）向上。表现出尊敬、敬畏和撒娇等纯粹以自我为中心的儿童心理状态。

瞳孔的大小：瞳孔的放大和缩小属于微身体动作。一般说来，瞳孔的放大传达出正面的信息，缩小则传达出负面的信息。例如，产生爱、喜欢或兴奋等情绪时，瞳孔就会放大，而产生戒备、愤怒的情绪时，瞳孔就会缩小。

在实践中，思考型性格比较有深度，他们面对赞美常常无动于衷，有时甚至觉得无聊。她们欣赏的是那种用眼神传递的温柔有力的默认。

3. 手足语

（1）手势语。手势语是指通过手和手指语传递的信息。手势语在日常交流中使用频率很高，范围也比较广泛。在人际交流中，手势语能起以下作用：一是代替语言行为：如聋哑人的交谈。二是强调作用：如一些特殊的社会工作：裁判员用手势向运动员发指令和报告运动情况；交通管理员用手势指挥车辆。三是缓解紧张情绪：不同的手势可能传达一个人的焦虑、内心冲突和忧虑。为了缓解紧张情绪，小孩会吸吮大拇指以恢复信心和勇气；学生会咬指甲或咬笔以缓解对考试的担心。

手势的含义：手臂交叉放在胸前，同时两腿交叠，表示不愿意与人接触；微微抬头，手臂放在椅子和腿上，两腿交于前，双目不时观看对方表示有兴趣来往。握拳是表现向对方挑战或自我紧张的情绪，以拳击掌是向对方发起攻击的信号；用手指或铅笔敲打桌面，或在纸上乱涂乱画。表示对对方的话题不感兴趣、不赞同或不耐烦；两手手指并拢放置于胸脯前上方呈尖塔状，表明充满信心；手与手重叠放在胸腹部的位置，是谦虚、矜持或略带不安的反应。握手时对方掌心出汗，表示对方处于兴奋、紧张或情绪不稳定的状态；若用力握对方的手，表明此人好动、热情，凡事比较主动；手掌向下握手，表示想取得主动、优势或支配地位；手掌向上的性格软弱，处于被动、劣势或受人支配的表现；用两只手握住对方一只手并上下摆动，往往表示热烈欢迎、真诚感谢或有求于人。

（2）腿部语：除了手势之外，腿部不同的体态，同样蕴含不同的含义：用脚尖拍打地板，或抖动腿部：表示急躁、不安、不耐烦或是为了摆脱某种紧张感。频频交换架腿姿势的动作：是情绪不稳定或不耐烦的表现。标准的架腿动作：封闭式动作，保护自己势力范围，拒绝对方。张开腿部而坐：开放型动作，有自信，欲结束谈话。

4. 体态语 人体的躯干部位包括肩、胸、背、腿、脚等的动作所发出的信息，称为"体态语言"。人的姿态变化，不外乎行、立、屈、卧四种类型，不同的部位，不同的类型、不同的动作，可以使它变得千姿百态。并从这些姿态中显示出个人的风采。

古人主张，人的姿态要"站如松、行如风、坐如钟"，这是对姿态美的形象概括。良好的站恣应该给人一种挺、直、高的感觉。人体不仅要直立，还要开阔，肩不要向前抠，胸要挺，收小腹，手臂在身体两侧自然下垂，手心向里，中指微贴裤缝。从侧面看，要像拉成一条竖直的虚线。经常这样提醒自己，就会渐渐养成良好的站姿。

中国古人形容美女的步态说："宛若游龙，惊若翩鸿。"今天的人们也认为优美的步态应当是富于动感的，如行云流水一般，同时，也应是极其自然的，如同呼吸一样流畅。然而，在我们的生活中，很多人都不注意自己的行走姿态。

走路的姿态是否优美，取决于步位和步度。

所谓步位，是指脚踏在地上以后，应当落在什么地方。我们走路的时候，两脚轮番前行，踩的应基本上是一条线，而不是两条平行线，如果踩两条线走路，臀部就不能自然而然地摆动，腰部也会显得僵硬，走成一般人所谓的"鸭行鹅步"。

步度，就是指每走一步两脚间的距离。一般的步度标准是一脚踩出落地后，脚跟离未踩出一脚尖恰好等于你的脚长。这个标准和女性的身高关系密切，身材高的女性，步度自然大些，反之，身材娇小的则步度小些。值得注意的是，所量脚长是指穿着鞋时的鞋的总长，而不是固定的赤脚长度。所以，穿平跟鞋时，步度会大一些，穿高跟鞋时，步度小一些。

走路时除了注意步位与步度外，还应做到：走路时上半身保持正直，下巴后收，两眼平视，胸部挺起，腹部后收，两脚平行。脚要以腰部为轴而转动，但腰不能摇摆。膝盖和脚踝要富于弹性，否则就会失去节奏，显得浑身僵硬。一脚跨出后，手臂要跟着摆动，但要摆得自然而轻松。让步度和呼吸配合，有规律、有节奏。穿礼服和长裙、旗袍时，切勿跨大步，显得不优雅。穿长裤时，步度可以放大，表现得活泼生动。

腰部在身体上起着承上启下的作用，腰部位置的"高"或"低"与一个人的心理状态和精神状态是密切相关的。同样，腹部位于人体的中央部位，它的动作带有极丰富的表情与意义。

鞠躬、弯腰：表示谦逊或尊敬之意。再者，心理上自觉不如对方，甚至惧怕对方时，就会不自觉地采取弯腰的姿势。

腰板挺直，颈部和背部保持直线状态：说明此人情绪高昂、充满自信、自制力强。相反，双肩无力下垂，凹胸凸背，腰部下塌，则反映出疲倦、忧郁、消极、被动、失望等情绪。

双手横插腰间：表示胸有成竹，对自己面临的境况已作好精神上或行动上的准备，同时也表现出以势压人的优势感和支配感。

凸出腹部：表现出自己的心理优势，自信与满足感；抱腹蜷缩，表现出不安、消沉、沮丧等情绪支配下的防卫心理。

揭开上衣钮扣而露出腹部：表示胸有成竹，开放自己的实力范围，对对方不存在戒备之心。重新系一下皮带，是在无意识中振作精神、迎接挑战的信号；反之，放松皮带则反映出放弃努力以及斗志开始松懈，有时也意味着紧张气氛中的暂时放松。

腹部起伏不定：表现出兴奋或愤怒；极度起伏，意味着即将爆发的兴奋与激动状态而导致呼吸的困难。

轻拍自己的腹部：表示自己有风度、雅量，同时也反映出经过一番较量之后的得意心情。

背部是与胸、腹部相对的部位，胸、腹在身体的前面，比较容易传达人类的感情、情绪与意识的结合；而背部在身体的后面，它的掩盖和隐藏的功能大大超过了传达的功能，但背部又不可能把人的情感、情绪全部掩盖起来；背部只能掩盖人的表情的明显部分，而泄露出来的部分反而更加深刻地反映出被掩盖部分的本质。例如，一个女孩子在哭，从其背部一抽一耸的动作，可以想知她的伤心悲苦的程度。

背脊代表一个人的性格和气节：挺直背脊的人往往性格正直，严于律己，又充满自信，但在另一方面，思想可能比较刻板，欠缺弹性。

采取驼背姿势或低头哈腰的姿势：表明此人具闭锁性和防卫倾向。这种人虽然有不善于自我表现、慎重和自省的一面，但主要是表露自己精神上的劣势：即愤世嫉俗、孤僻、畏惧、惶恐、自卑等心态。

拔地站在舞台上或讲台上的演员或教师：从他的姿势可以想象他所受的严格训练和自我约束。

端坐的姿势是一种自我约束的表现：在对坐中，挺直背脊，一直保持端坐姿势者，等于在他与对方之间筑起一道无形的墙。表示不可亲近、不愿迁就的意思。

背向着对方或转过背去：一般可以理解为表示拒绝、不理睬或回避。有些女性，转过背去的动作有暗示等待男性来说服的意思。

打电话时对方或转过背：多半是谈论带有秘密性的事。因为背向他人即用背部挡住他人的介入，以消除自己心理上的不安。

与他人的背部进行接触的方式有拍背、触摸背部等动作，这类动作原来是由猿猴之间表示亲近关系的搂抱动作简化而来。在人类社会中，这类动作是身体接触中最少"性意义"的动作。

同性亲友之间互相拍背：往往表示有同感，有共鸣，或为了鼓励、催促和怂恿。在同性中，不大亲密的朋友之间也常见用于接触背部的动作，在这种情况下可认为是关心对方或有进一步加强人际关系欲求的动作。

在异性之间，男性触摸女性的背部：表达了一种既渴望作进一步的接受，又唯恐对方拒绝的心情。有时也表达试探性地说服对方的企图。

（二）时间与空间语

任何人际交流都是在一定的时间和空间进行的，因此时间和空间也就成为了交流过程不可分割的组成部分，而且人们也总是自觉地利用时空因素来沟通有关信息。

交流时间的选择，交往间隔的长短，交流次数的多少，以及赴约的迟早，往往显示出行为主体的品性和态度。如一个学生上课经常迟到或早退，老师会认为他学习不认真。

对于时间的控制反映了交流对象的地位、长幼和态度。情侣约会时女方让男士略等一会，以使自己更具吸引力和有价值；上司可故意让下属等候，表示地位优越或对下属的不满和惩罚；一般人可以运用及时答复朋友来信的方式，表示对于友谊的重视。

如果说时间的利用主要是传达行为主体自身方面的信息，那么空间的利用则主要显示着双方彼此间的关系。在人际交流中，空间的利用除了作为沟通情境构成因素的环境外，还包括沟通者与接受者之间的距离和朝向。

（1）亲密距离（密切距离）：亲密距离为 0.15～0.45 米。具体又可分为以下两种情况：

A. 亲密距离——接近型（0.15 米）这是为了爱抚、格斗、安慰、保护而保持的距离，是双方关系最接近时所具有的距离。这时语言的作用很小。

B. 亲密距离——较近型（0.15～0.45 米）这是伸手能够触及到对方的距离。是关系比较密切的同伴之间的距离；也是在拥挤的电车中人与人之间不即不离的距离。

（2）个人距离（个体距离）（直角摆放椅子）：在西方把个人距离定位在 0.45～1.20 米之间，认为这是进行非正式的个人交谈最经常保持的距离，这个距离近到足可以看清对方的反应。但远到可以足以不侵犯亲密距离。如果我们移到以 0.45 米内，对方可能后退，如果在 1.20 米以外，就有交谈被他人听到的感觉，交谈将会困难。

具体也可分为两种：

A. 个人距离——接近型（0.45～0.75 米）这是能够拥抱或抓住对方的距离。对于对方的表情一目了然。男人的妻子处于这种位置是自然的，而其他女性处在这个距离内，则易产生误解。

B. 个人距离——稍近型（0.75～1.20 米）这是双方同时伸手才能触及到的距离，这是对人有所要求时应有的一种距离。

（3）社交距离（社会距离）（有桌子对角之椅子）：当对别人不很熟悉时，最有可能保持一定的社会距离。即 1.2～3.6 米的距离。非个人事务、社交性聚会和访谈都在社会距离中进行。当我们运用社会距离时，相互影响都变得更为正规。

社交距离有两种类型：

A. 社会距离——接近型（1.20～2.10 米）这是超越身体能接触的界限，是办事时同事之间所处的一种距离。保持这种距离，使人具有一种高雅、庄严的气质。

B. 社会距离——远离型（2.10～3.60 米）这是为便于工作保持的距离，工作时既可以不受他人影响，又不给别人增添麻烦。夫妻在家时，保持这种距离，可以互不干扰。

（4）公众距离（公共距离）：即超过 3.60 米的距离，通常被用在公共演讲中，在这种情况下，人们说话声音更大，手势更夸张。这种距离上的沟通更正式，同时人们互相影响的机会更少。空间与距离成为亲密程度的一种标志。

A. 公众距离——接近型（3.6～7.5 米）如果保持 4 米左右的距离，说明说话人与听话人之间有许多问题或思想待解决与交流。

B. 公众距离——远离型（7.5 米以上）这是讲演时采用的一种距离，彼此互不相扰。

（三）副语言或辅助语

辅助语又称副语言，是指有声而无固定意义的声音符号系统。按照发声系统的各个要素，它可以分为音质、音量、音幅、音调、音色、语速、节奏等不同种类，包括语言行为中的咳嗽、呻吟、叹息、嬉笑、"口头禅"、鼓掌等功能性发声。语言行为者利用功能性发声，主要是为了表明某种情绪或态度的状态。诸如：

唉声叹气：身心疲惫，处境不妙

朗朗笑声：心情舒畅

鼓掌击拍：心情喜悦，或表示高兴，欢迎，赞成，支持

有意咳嗽：提示，警告，引起对方注意

口头禅："这个、嗯、啊"之类：心情紧张，思路不畅

声音还是一种感情密码。发声系统表现的特点不同，反映人们的情绪情感也就不同。一定的发声特点标志着一定的情感和态度。

诸如：表示气愤的发声特点：声大、声高、音质粗哑，音调上下不规则、变化快、节奏不规则、发音清晰而短促。表示爱慕的发声特点：音质柔和、低音、共鸣音色，慢速、均匀而微向上的音调，有规律的节奏及含糊的声音。

实践三　沟通技巧训练

一、快乐随心变

游戏目标	让同学体会表情、动作和语言在人际交往中的重要性，提高同学的人际沟通和交往能力。		
人数	30人	时间	10分钟
用具	无	场地	不限
游戏步骤	一、主持人宣布游戏规则： 1. 每人都面朝天花板，面无表情地随意走动，遇人走开。 2. 每人都面朝自己脚尖，面无表情地随意走动，遇人走开。 3. 每人都面朝他人的脸，面无表情地随意走动，遇人走开。 4. 每人都面朝他人的脸，面带微笑，随意走动，遇人点头。 5. 每人都面朝他人的脸，面带微笑，随意走动，遇人握手。 6. 每人都面朝他人的脸，面带微笑，随意走动，遇人握手，心中说："我喜欢你。" 7. 每人都面朝他人的脸，面带微笑，随意走动，遇人握手，口中说："我喜欢你。" 二、开始游戏 三、游戏结束后，主持人组织同学进行问题讨论。		
问题讨论	1. 相互之间面无表情和面带笑容的氛围感受上有什么不同？ 2. 我们在日常生活中应当如何有效通过表情、动作等与人交往？		

二、制笔座

游戏目标	培训同学的沟通技巧，培训同学的团队沟通与协作精神。		
人数	12 人	时间	10 分钟
用具	每人 1 支笔、1 张纸；每组 1 卷胶条。	场地	室内
游戏步骤	一、将同学分为三人一组，给每组发一卷胶条，每人一张纸、一支笔。 二、主持人宣布游戏任务： 小组的任务是合作完成一个完美的笔座，使三支笔直立起来。 游戏开始前，你们有一分钟的时间沟通与计划；游戏开始后的前三分钟内，小组成员不准说话，全部依靠相互间的默契进行。 最后大家评选出最好的作品。 三、给同学一分钟的沟通时间，开始游戏。 四、游戏结束后，主持人组织同学就沟通技巧及非语言沟通等问题进行讨论。		
问题讨论	1. 小组内应如何有效分工才能做到最好的配合？ 2. 在不允许说话的情况下，小组成员应如何有效沟通，默契配合？		

知 识 链 接

"三 XIAO" 沟通

有效果的沟通

沟通目标需明确，沟通效果需明显。通过沟通与交流，沟通双方可以就某个问题的认识趋向一致或达成共同认知。

有效率的沟通

沟通必须要有时间观念，沟通的时间要简短，频率要增加，沟通时要把握主题，避免受到干扰，尽量在最短的时间内完成沟通的目标。

有笑声的沟通

沟通的过程必须是人性化的。要努力营造一种和谐、愉悦的沟通氛围，使参与沟通的人具有愉快而舒畅的心情，能在沟通过程中笑声不断。

三、故事克隆

游戏目标	训练同学的信息传递能力；让同学体会在沟通的过程中信息是如何失真的。		
人数	8人	时间	20分钟
用具	故事（要求是同学没有听过的）1则	场地	室内
游戏步骤	让所有同学到室外等候，确保同学在室外时听不到室内的人说话。 请一位同学进入房间，主持人把准备好的故事念给他听，听故事的人不许做记录和提问。 三、让另一位同学进来，请第一位同学把自己听到的内容复述给第二位同学听。第二位同学同样不允许做记录和提问（以后任何新进入房间的同学都要遵循这项规定）。 四、请第三位同学进来，由第二位同学复述故事，依此类推，直到最后一位同学进来听故事。讲过故事的同学不得说话。 五、请最后一位同学复述故事，与原故事进行对比。 六、主持人组织同学进行问题讨论。		
问题讨论	1.最后一位同学的复述内容与原故事差别大吗？ 2.你认为最后的复述为什么会产生偏差？有没有方法减少偏差？ 3.在工作中，我们如何提高传递信息的质量？		

知识卡：沟通的四大目的

1. 传递信息

获取信息→信息表达与传递

2. 表达情感

表露观感→流露情感→产生感应

3. 建立关系

暗示情分→友善或不友善→建立关系

4. 达成目标

透过关系→明说或暗示→达成目标

四、换扑克牌

游戏目标	培训同学的团队沟通技巧，提高同学与上下级沟通的能力。		
人数	7人	时间	40分钟
用具	每人一个信封，信封里有任务单（见附件）和4张扑克牌	场地	室内
游戏步骤	让同学坐成三排，第一排为A，第二排为B、C，第三排为D、E、F、G，每排同学只能看到前排的人，不能看到后排的人。 二、将信封发给每个同学，给同学五分钟时间看任务单。 三、五分钟后，开始游戏 四、游戏结束后，主持人组织同学进行问题讨论		
问题讨论	1.作为A，你是否最终带领大家完成了游戏任务？ 2.大家在游戏过程中有没有失误？如果有，原因是什么？ 3.通过这个游戏，大家得到了怎样的启发？		

附件　任务单

A 的任务单	你现在属于一个团队（组织结构如上图所示），你是团队领导者，B、C、D、E、F、G 都是你的下属，其中 B、C 是你的直接下属。 你的游戏任务是：请在 30 分钟时间内，按照游戏规则，将你所有下属手中的扑克牌置换成同一花色或同一数字。 你应遵循的游戏规则如下： 1. 不能讲话，若有不明白的地方，请询问主持人； 2. 不能让其他人看到你手中的扑克牌； 3. 你可以和直接下属 B、C 进行书面沟通（通过写纸条的方式）； 4. 可以和直接下属 B、C 换牌，但每次只能换一张，而且你手中的牌在任何时候都应是四张（换牌的时候除外）； 5. 不能越级换牌和交流（即不得同 D、E、F、G 换牌和交流）。
B/C 的任务单	你现在属于一个团队（组织结构如上图所示），A 是你的上级，其中 C/B 是你的平级，DE/FG 是你的下属。 你应遵循的游戏规则如下： 1. 不能讲话，若有不明白的地方，请询问主持人； 2. 不能让其他人看到你手中的扑克牌； 3. 你可以同上级 A 和直接下属 DE/FG 进行书面沟通（通过写纸条的方式）， 4. 可以和上级 A 和直接下属 DE/FG 换牌，但每次只能换一张，而且你手中的牌在任何时候都应是四张（换牌的时候除外）； 5. 不能与平级及平级的下属换牌和交流。
D/E 的任务单	你现在属于一个团队（组织结构如上图所示），B 是你的直接上级，E/D 是你的平级。 你应遵循的游戏规则如下： 1. 不能讲话，若有不明白的地方，请询问主持人； 2. 不能让其他人看到你手中的扑克牌； 3. 你可以同上级 B 进行书面沟通（通过写纸条的方式）； 4. 可以和上级 B 换牌，但每次只能换一次，而且你手中的牌在任何时候都应是四张（换牌的时候除外）； 5. 不能与直接上级以外的其他人换牌和交流。
F/G 的任务单	你现在属于一个团队（组织结构如上图所示），C 是你的直接上级，其中 G/F 是你的平级。 你应遵循的游戏规则如下： 1. 不能讲话，若有不明白的地方，请询问主持人； 2. 不能让其他人看到你手中的扑克牌； 3. 你可以同上级 C 进行书面沟通（通过写纸条的方式）； 4. 可以和上级 C 换牌，但每次只能换一张，而且你手中的牌在任何时候都应是四张（换牌的时候除外）； 5. 不能与直接上级以外的其他人换牌和交流。

知识卡：有效沟通的 6 个行为法则

1. 拥有自信的态度

自信的人有着清楚地自我认知，能够欣赏自己，肯定自己，往往是最会沟通的人，拥有自信的态度，会让你在沟通时充满活力，魅力四射。

2. 体谅他人的行为

你对他人表示体谅与关心，是指设身处地地为对方着想。由于你对对方的了解和尊重，对方也会体谅你的立场与好意，因而做出积极并恰当的回应。

3. 适当地提示对方

如果沟通产生矛盾和误解的原因是对方忘记了，适当的提示可以提醒对方；假如是因为对方违背了承诺，适当的提示可以表明你对此的关注和期望，促使对方信守诺言。

4. 直接地告诉对方

直言不讳地告诉对方你的需要与感受，将能帮助你建立良好的人际关系。但是直接的告诉对方，需要注意时间、地点和自己的身份，任何一种条件不适合，都应避免直言。

5. 善于倾听与发问

一个好的沟通者，必须善于倾听他人的意见与感受，并能做出有效发问。倾听和发问是沟通的最重要的技巧，通过倾听和发问能够有效地控制自己，避免无意间冒犯对方，同时能恰当地表达出对沟通对象感兴趣。

6. 对他人敞开心扉

敞开心扉是指你应该坦诚地与对方分享一些你知道的信息，而不是遮遮掩掩。坦诚是彼此信任的基础，当沟通双方保持良好的互动和真挚的情感交流时，沟通才有意义。

五、自我评估

游戏目标	帮助同学认识自己的沟通能力现状，让同学进行沟通技能的自我改善。		
人数	不限	时间	15 分钟
用具	个人沟通技巧评估表（见附件）	场地	室内
游戏步骤	一、给每个同学发一份《个人沟通技能评估表》。 二、让同学对自己的各项沟通技能进行评估，满分为 5 分。 三、让同学与熟悉自己的其他同学沟通，让他们对自己的各项沟通技能进行评估，得出他们的综合评分。 四、让同学进行自我评分与他人评分的对比。 五、游戏结束后，主持人组织大家进行问题讨论。		
问题讨论	1.你的自我评分与他人评分有多大的差距？产生差距的原因是什么？ 2.你最薄弱的沟通技能项有哪些？你计划如何来克服？ 3.通过这个游戏，大家对自己的沟通模式是否有了清晰的认识？		

附件　个人沟通技能评估表

沟通技能项		自我评分	他人评分
		适当 ←————————→ 不适当 5分　4分　3分　2分　1分	
非语言沟通	眼神接触		
	面部表情		
	姿势		
	声调、语气		
	音量		
语言沟通	打开对话		
	维持对话		
	认真倾听		
	提出疑问		
	赞美他人		
	接受赞美		
	批评他人		
	接受批评		
	向别人道歉		
	接受道歉		
	提出意见		
	表达愉快的情绪		
	表达不满		
	拒绝他人		

知识卡：沟通中的小问题

办公室的电话铃响了，甲接起电话。

甲："您好，××公司销售部，请问，有什么事吗？"

乙："销售部主管王先生吗？"

甲："对不起，他现在不在，请问您找他有什么事？能为您转达吗？"

乙："我姓刘，是他的一个客户，能不能请他尽快与我联系。"

甲："好的，我会尽快转告他。再见。"

（看了上面这段，发现问题了吗？）

甲拨通了经理的电话。

甲："经理吗？刚才有位客户打电话找您，要您尽快与他联系。"

经理："他叫什么名字？"

甲："不知道，只知道姓刘。"

经理："他找我有什么事？会不会是退货？"

甲："不知道，他没有说。"

经理："你也没有问吗？那把他的联系电话告诉我。"

甲："对不起，我也不知道，我以为你知道。"

经理："姓刘的客户那么多，我怎么知道是谁？！"

经理挂断了电话。

是经理脾气不好还是甲没有做对？如果换作你是甲，你会如何处理？

六、模拟联合国

游戏目标	训练同学的发问能力和表达能力；提高同学的沟通、交流能力。		
人数	20人	时间	30分钟
用具		场地	室内
游戏步骤	1. 主持人将提前准备对应学生人数的国家名称卡片，每人抽取一张确定自己所代表的"国家"，参加模拟"联合国会议" 2. 主持人选择一国际或社会热点话题，各国代表模拟参加"联合国会议"，对该话题提出"自己国家观点"，并形成书面意见稿。 3. 各组外交官将"本国"意见做3分钟演讲，争取别国赞同及支持。 4. 演讲结束后，各国外交代表进行进一步磋商，协调"分歧"观点，最终形成一份统一决议修正案。 5. 游戏结束后主持人组织同学进行问题讨论。		
问题讨论	1. 如何准确通过语言表达自己的立场和观点？ 2. 如何通过书面准确表达自己的立场和观点？ 3. 当各方观点出现分歧和不一致，应如何相互沟通形成一致观点？		
方法技巧	1. 同学参加大会前最好能够提前抽签，查阅代表国家背景资料，形成具有国家代表性的观点意见。 2. 主持人选择社会热点问题或能吸引同学兴趣的话题。 3. 活动过程中主持人注意维持游戏流程和秩序。		

七、模拟与上级沟通

游戏目标	让同学体验怎样才能说服上级，让同学找到与上级沟通的技巧。		
人数	20人	时间	20分钟
用具	笔、计划书草案	场地	室内
游戏步骤	同学自由结合，5人一组，每组选出一位领导者。 4名下属迅速筹划一个投资项目，撰写简要的计划书草案。 4名下属依次面见领导，按照自己的沟通方式说服领导通过项目计划案，要求领导在不同的心情境况下接受下属的提案。 各小组讨论。 每组派代表总结活动体会。		
问题讨论	1. 哪些沟通方式领导易于接受，并能取得良好的沟通效果？ 2. 说服领导时，需要运用哪些沟通技巧？		
方法技巧	1. 鼓励同学积极发挥自己的主动性。 2. 注意时间的控制。		

知识卡：人际沟通小技巧

坚持在背后说别人的好话。

每天向你周围的人说声"早上好"。

过去的事不要全都告诉别人。

与人沟通时要常用"我们"。

当你听到有人说别人的坏话时，不要插嘴。

在人多的场合，要慎言。

不要随便打断别人说话。

回应批评时应积极，不要显示负面态度。

知道什么时候能说善良的谎言。

在重要的会谈场合，关掉手机。

与客户通话后，要让客户先挂电话。

不要在朋友面前炫耀自己。

拒绝别人的借口应该模糊一点。

遇到上司，要主动上去聊几句。

八、五步对抗表思想

游戏目标	训练同学如何维护自己的思想，训练同学如何进行有效的交流。		
人数	45 人	时间	45 分钟
用具	不限	场地	五张题板纸和五面小旗
游戏步骤	在日常的人际交往中，要使沟通真正有效就不能产生对抗。主持人需要帮助同学理解使用尊敬的和确定的语言的重要性，让同学们掌握"五步对抗模式"的交流方法。 介绍五步对抗模式。 第一步：描述充满希望的未来。在这种情况下，你可以说："我希望我们可以处理好关系，使我们在一起工作时感觉很舒适。" 第二步：详细地描述问题。例如，你觉得你的同事在其他人面前贬低你，你可以这么说："在我们上一次小组会议中，有三次都是我一讲话，你就滴溜溜地转眼珠，你把我关于转型的想法描述的一文不值。" 第三步：表明这为什么是个问题。假设那个人并没有意识到，应向他表明这种行为是一个问题。你应该使你的表述更充实，可以说："当你这么做时，我感到了侮辱和轻视。我们好像把太多精力放在互相找茬儿上了，而不是放在工作上。" 第四步：提供一种解决方法。如果你不同意我的看法，我比较喜欢你友好地当面告诉我，以便我能公正地听取你的反对意见。在把我的想法评价为一文不值之前，请仔细考虑一下我的想法。 第五步：给将来一个积极的展望。如果你能这么做，我觉得我能更好地支持你的目标和想法。 邀请一些人描述他们需要直接对抗的经历，即当他们采用含蓄的方式达不到效果时。 把大家分成小组，每组 5-7 人，给每个小组一张题板纸和一面小旗。 分给每个小组上述五个模式中的任意一步。采用刚刚描述的方法，请各小组提出尽可能多的与这一步相匹配的表达。 第六步：如果还有时间，把写有全部表述的题板纸贴出来，让大家大声朗读各种表述。		
问题讨论	1.在人际交往中应如何表达自己的思想和坚持自己的立场？ 2.如何有效说明自己观点并征得他们的认同？		

知识卡：沟通箴言

沟通，是一门生存的技巧，要学会它，掌握它，运用它……

沟通的 70% 是倾听。如果希望成为一个善于谈话的人，那就先要做一个好听众。

推心置腹的谈话就是心灵的暗示。

如果你是对的，就要试着温和地、有技巧地让对方同意你；如果你错了，就要迅速而诚恳地承认。这要比为自己争辩有效和有趣得多。

有许多隐藏在心中的秘密都是通过眼睛被泄漏出来的，而不是通过嘴巴。

谈话，和作文一样，有主题，有腹稿，有层次，有头尾，不可语无伦次。

与人交谈一次，往往比多年闭门劳作更能启发心智。思想必定是在与人的交往中产生，而在孤独中进行加工和表达。

讲话犹如演奏竖琴：既需要拨弄琴弦演奏出音乐，也需要用手按住琴弦不让其出声。

一个人必须知道该说什么，一个人必须知道什么时候该说，一个人必须知道对谁说，一个人必须知道怎么说。

如果你要使别人喜欢你，如果你想他人对你产生兴趣，你需注意的一点就是谈论别人最为愉悦的事情。

当你劝告别人时，若不顾及别人的自尊心，那么再好的言语都是没有用的。

九、与皇帝沟通

游戏目标	训练同学对沟通方式的使用能力，提高同学的表达能力。		
人数	不限	时间	30分钟
用具	无	场地	不限
游戏步骤	一、主持人向同学讲一个故事：宋朝时，宋太祖对一个大臣说："鉴于你对国家作出的杰出贡献，我决定升你做司徒（古代官名）。"可这个大臣后来等了好几个月也不见任命下来，可是又不能当面向皇帝询问，因为这会伤及皇帝的面子，但如果不问，升官的事情很可能就告吹了，怎么办呢？ 二、询问同学：如果你们是这个大臣，会怎样和皇帝沟通？（给同学十分钟的思考时间） 三、十分钟过后，主持人扮演宋太祖，同学扮演大臣，让同学依次到前面来表演自己所想要用的沟通方式。 四、当所有同学都表演完毕后，主持人公布那个大臣的做法：大臣的做法：那个大臣有一天故意骑了一匹奇瘦的马从宋太祖面前经过，并惊慌下马向皇帝请安，宋太祖就问："你的马为何如此之瘦？是不是你不好好喂它？"那个大臣答道："一天三斗。"宋太祖又问："吃的这么多，为何还如此之瘦？"那个大臣回答："我答应给他一天三斗粮，可是我没有给它吃那么多。"宋太祖马上明白了这个大臣的意思，第二天就下旨任命这个大臣为司徒。 五、让大家评选出"最佳创意奖"和"最佳表演奖"的获奖者。 六、主持人组织同学就沟通方式等问题展开讨论。		
问题讨论	1.同样的事情不同的沟通方式可能导致那些不同的后果？ 2.面对不同的人要选择不同的表达沟通方式，对此你有什么经验？		

知识卡：沟通的真谛

当与小孩沟通时，不要忽略他的"纯真"。

当与少年沟通时，不要忽略他的"冲动"。

当与青年沟通时，不要忽略他的"自尊"。

当与男人沟通时，不要忽略他的"面子"。

当与女人沟通时，不要忽略她的"情绪"。

当与上司沟通时，不要忽略他的"权威"。

当与老人沟通时，不要忽略他的"尊严"。

十、赶羊入圈

游戏目标	训练同学的沟通技巧，提高同学的非语言表达能力。		
人数	30 人	时间	45 分钟
用具	眼罩 28 副，哨子 2 个。	场地	操场或空地
游戏步骤	一、将同学分为两组，每组 15 人；各组中由 1 人担任"牧羊人"，其他 14 人担任"羊"。 二、主持人将"牧羊人"支开，将"羊"的游戏任务告诉担任"羊"的同学。"羊"的游戏任务是：游戏开始后，你们的任务就是听从"牧羊人"的安排，但你们唯一的沟通方式是学羊叫，发出"咩咩"声，所以现在你们要统一你们的叫声，比如，叫一声"咩"表示什么意思，你们要尽快拿出统一的意见。 三、将各组的"羊"的眼睛蒙上，主持人布置游戏场地。主持人在地面上画两个边长为五米的正方形，代表羊圈。 四、主持人把两个牧羊人带到偏僻处，给他们说明游戏任务。"牧羊人"的游戏任务是：游戏开始后，你们的任务就是要尽快把自己小组的"羊"赶进"羊圈"，但你们不能和"羊"直接对话，你只能通过吹口哨的方式表达意思，最先将"羊"全部赶进圈里去的一组获胜。 将口哨发给"牧羊人"，开始游戏。 五、游戏结束后，主持人组织同学就非语言沟通与沟通技巧等问题进行讨论。		
问题讨论	1. 在不允许语言沟通的情况下，团队中应当怎样交流？ 2. 领队"牧羊人"应当怎样有效组织，表达自己的想法，让"羊"顺利"入圈"？		

知识卡：

积极的倾听方式

倾听性 提问	向对方表示自己很感兴趣，例如，"后来，怎么样了？" 寻求更加详尽的信息，例如，"你能说得再详细点吗？" 了解对方的感受，例如，"你当时是怎么想的？" 对听到的内容进行总结，例如，"那么，你的意思是……，对吗？"
给予鼓励	非语言声音。这是让对方知道你在认真听他说话的有效方式，例如，"嗯""啊""喔"、及其他鼓励对方讲话的声音。 支持性陈述。这与非语言声音有类似的功能，例如，"真有趣，请告诉我更多"，这也是鼓励对方继续讲话的重要方式。 关键词咨询。这是在倾听过程中，要从对方的话语中找一些特殊的词语，让对方对这些词语进行解释，表明你在认真倾听。 探求对方感受。即在倾听过程中，当听到一些重要的关键性的事情时，要积极询问讲话者的感受，从而表明自己认真倾听的态度。

复习思考

1. 人际沟通的实现要借助于语言符号系统和非语言符号系统，下列中不属于非语言符号系统的是（　　　）

    A. 动作   B. 书信

    C. 表情   D. 音乐

    E. 距离

2. 以下关于人际沟通概念的描述不正确的是（　　　）

    A. 沟通是双向、互动的过程

    B. 沟通是信息的传递、感情的交流

    C. 沟通的目的是达到准确理解彼此信息的含义

    D. 沟通的意义在于积极有效

    E. 沟通是双向理解的过程

3. 心理学观点认为，人际沟通（　　　）

    A. 无规律可言   B. 只要有人就可以进行

    C. 有时也可以借助报刊来实现   D. 不一定有目的

    E. 只能用语言表达来实现

4. 根据社会心理学的观点，下列关于人际沟通作用的论述中，不正确的是（　　　）

    A. 人际沟通可以调节沟通者本人的行为

    B. 人际沟通一定能够协调组织内部关系

    C. 人际沟通有利于增强团结

    D. 人际沟通是保证个人心理健康成长所必需的

    E. 人际沟通能满足彼此心理需要

5. 人际沟通有很多功能，其中协调作用是指（　　　）

    A. 人际沟通可以协调人体各部分的机能

    B. 所有的人际沟通都可以协调组织内部的关系

    C. 人际沟通可以促进各人的社会化进程

    D. 人际沟通可以消除个体间的误会

    E. 人际沟通可以免除法律制裁

6. 人际沟通的特征不包括（　　　）

    A. 普遍性   B. 目的性

    C. 多样性   D. 制约性

    E. 情境性

7. 沟通的意识是否明确，将人际沟通分为（　　　）

    A. 有意沟通和无意沟通　　　　　　　B. 语言沟通和非语言沟通

    C. 正式沟通和非正式沟通　　　　　　D. 单项沟通和双向沟通

    E. 上行沟通和下行沟通

8. 按沟通渠道有无组织系统，将人际沟通分为（　　　）

    A. 有意沟通和无意沟通　　　　　　　B. 语言沟通和非语言沟通

    C. 正式沟通和非正式沟通　　　　　　D. 单项沟通和双向沟通

    E. 上行沟通和下行沟通

9. 沟通的要素不包括（　　　）

    A. 信息发出者　　　　　　　　　　　B. 信息接收者

    C. 信息的好坏　　　　　　　　　　　D. 信息的途径和反馈

    E. 途径

10. 某家的父亲很有生活情趣，经常会将一些自己的感受写纸上，分散于家中各处，与妻子、儿女分享，这属于（　　　）

    A. 单向沟通　　　　　　　　　　　　B. 口头沟通

    C. 下行沟通　　　　　　　　　　　　D. 上行沟通

    E. 书面沟通

第 十 章

沟通中的良好体姿养成

【学习目标】

1.掌握仪态体姿在工作与社会生活中的重要性及其运用。

2.熟悉基本的站姿、坐姿、走姿、蹲姿，熟悉身体重要部位肌肉的练习方法。

3.了解沟通中基本体姿的重要性；体姿基础训练的练习方法。

4.通过课堂实践教学，培养身体的柔韧性、协调性、灵活性以及美观性，能主动展示形体与动作美，在与同伴的合作与交流中增进交往能力和团队的合作能力。

案例导入

国外有位心理学家曾经做过这样的实验，分别让三位面试官面试同一名毕业生。

第一名面试官面试过程中，该生一直低着头，弯着腰。面试官认为，该生低头弯腰，是因为能力有所欠缺而自卑。第二名面试官面试过程中，该生抬头挺胸，神采奕奕。面试官认为，该生站得端正、稳重、自然，必然胸有成竹，是个人才。第三名面试官面试过程中，该生时不时摇头晃脑。面试官认为，这名毕业生在面试过程中摇头晃脑，站立不稳，必然不会踏实肯干，还有可能品行不端。

面试结果，只有第二名面试官决定录用该生。

讨论：为什么只有第二名面试官决定录用该生?

第一节　体姿含义

体姿也可以称为身体语言，是指一个人的身体动作，主要包括站、行、坐、蹲、手势及面部表情等举止活动。体姿是人的仪表美的动态展示。

达·芬奇曾经说过从仪态了解人的内心世界、把握人的本来面目，往往具有相当的准确性和可靠性。

人际交往沟通过程中，一个人的身体动作不仅能反映出他的道德修养和文化内涵，而且能表现出他与别人交往是否有诚意，甚至还可能影响到工作能力和集体的形象。

体姿是人际交往沟通的过程中重要的外在表达部分，它包括站姿、坐姿、走姿、蹲姿、手姿及面部表情，体姿在人际交往沟通的过程中具有表达诚意与善意的功能，特别是在第一次接触的时候，这在我们医药行业是非常常见的现象，在面对病患时你的诚意与善意可能就会减少他们的一点病痛或是内心的紧张。身体动态的功能是多方面的，它不仅能以卓越的风姿展示人们的独特气质和风度，还能帮助人们表达自己的情感，探测他人的内心世界，而这无疑可以帮助人们自觉地培养优雅的气质和风度、塑造美好的体姿形象。

从头到脚的姿态随时都在默默而语，它们成为与外部世界交流情感的信息。了解体姿的含义，并较好地理解和运用，往往是社交成功的关键。

一、体姿含义的共同性

人们在社会的生活中，无时无刻不在使用着体姿语言。不同地域、不同民族的人们，虽有其各不相同的有声语言，但许多基本动作语言的含义都具有共同性。

1. **面部表情**　人的面部不仅可以表明微妙的表情，而且能够真实、准确地反映人的内心情感，传递人的内在信息。脸型更像是人的心理地图，一旦确定就很难改变，而你的面部表情则是你在地图上的移动，往往能反映你最真实的想法。心理学家认为，人的面部微表情变化隐藏了众多的心理信息，例如，脸上的眉毛、眼睛、嘴和下巴等就能表示极为丰富细致而又微妙多变的神情。

知 识 链 接

面部的综合表情美

面部的各部位之间是彼此合作的，可以表现出生动丰富的脸部表情，如眼睛睁大，嘴巴张开，上扬眉毛等，都表示快乐的情绪；相反，眉毛倒竖，眼睛大睁，嘴角向两侧拉开，则表示的是一种愤怒的表情。所以人们常说，一个人的所有喜怒哀乐都写在脸上。因此，在商务场合要注意自己的脸部表情，以塑造良好的形象。

眉毛：现在我们来介绍眉毛的动态变化过程泄露了人怎样的心理。

皱眉：不同意、忧愁、愤怒等。扬眉：赞同、兴奋、喜悦等。眉毛闪动：欢迎、加强语气等。耸眉：惊讶、悲伤等。

眼睛：是心灵的窗户，它能表达许多言语所不易表达的复杂而微妙的信息和情感。

目光正视：庄重、尊重、尊敬等。目光仰视：崇敬、敬仰、思索等。目光斜视：轻蔑、心虚、仇恨等。目光俯视：羞涩、紧张、害怕等。瞳孔放大：喜爱、兴奋、恐怖、紧张、愤怒、疼痛等。瞳孔缩小：厌恶、疲倦、烦恼等。

嘴：嘴唇闭拢：和谐宁静、端庄自然等。嘴唇半开：疑问、奇怪、有点惊讶、傻里傻气等。嘴唇大开：惊骇等。嘴角向上：善意、礼貌、乐观、喜悦等。嘴角向下：痛苦悲伤、沮丧消极等。嘴角紧绷：愤怒、对抗或意志坚定等。嘟嘴：生气、不满意等。

下巴：上扬：傲慢、冷漠、倔强、不服输或自我防御等。内抑：谄媚讨好、害羞畏惧等。

2. 身体姿势 身体姿势可主要分为静态和动态两大类，主要有站、坐、走等姿态。

站：标准站姿要严肃、庄重、自信、可靠、脚踏实地等。两脚分开尺余，脚尖略朝外偏：果断、任性、富有进取心、不装腔作势等。两腿交叉站立：不严肃等。一脚直立，另一脚弯置其后，以脚尖触地：情绪不稳、变化多端、喜欢不断的刺激与挑战等。双臂交叉抱于胸前：消极、防御等。身体抖动或摇晃：漫不经心、缺乏教养等。双手插入衣袋或裤袋：拘谨、小气、畏缩、不严肃等。

坐：标准坐姿要沉着、稳重、冷静、认真等。上身紧靠椅背：内心有不安全感等。频繁变换架腿姿势：心绪不宁、焦躁不安或对交谈失去兴趣等。交谈中开始架腿：对话题不感兴趣或悠闲轻松等。女性两腿并拢，脚踝交叉而坐：有教养的表现等。男性坐时交叉脚踝：警惕、防范或压制恐惧紧张等。坐在椅子或沙发边缘：显露心理劣势、精神上缺乏安定感等。深陷在沙发中：疲惫、懒散、随便、自我感觉良好、缺乏教养等。

走：标准走姿要从容自信、潇洒大方等。弓着背走路：精神状态处于低潮或有自我防卫的心理等。双手反背在身后：傲慢、呆板等。身体晃荡：轻佻、浮夸、缺少教养等。

3. 身体动作 人际交往中，人的各种身体动作不仅可用来加强语气，辅助表达，而且由于本身含义丰富，所以在危急或特定之时可代替说话。

头部：头部向前表示倾听、期望或同情、关心等。头部向后表示惊奇、恐惧、退让或迟疑等。头部向上表示希望、谦逊、内疚或沉思，或为什么事忧虑，也可能为做错事而悔恨等。点头含义是答应、理解和赞许等。摇头表示否定、迟疑等。头一摆有快走之意等。

肩部：耸肩膀有无所谓、无可奈何等意。双肩耷拉表示精神状态差、沮丧、潦倒等。

手势：掌心向上表示坦诚直率、善意礼貌、积极肯定、无强制性和威胁性等。掌心向下是强制命令、贬低轻视、否定反对等。拳头紧握含有挑战、表示决心、显示团结和力量、提出警告等。拳头紧握、伸出食指有训示或命令，指明方向或事物，有明显的强制性和威胁性等。握手有力表示热情、兴奋、好动或自我表现欲旺盛等。握手无力表示个性懦弱、缺乏气魄或傲慢、矜持、冷淡等。交谈、开会时手指小幅度动作有不耐烦、没兴趣、心不在焉或持不同意见等。

知 识 链 接

常见的几种手势

1. "OK" 手势　拇指、食指相接成环形，其余三指伸直，掌心向外。OK手势源于美国，在美国表示同意、顺利、很好的意思；而法国表示零，或毫无价值；在日本是表示金钱；在泰国表示没问题；在巴西是表示粗俗下流。

2. "V" 形手势　食指、中指分开斜向上伸出，其余三指相握，掌心向外，其语义主要表示胜利。若掌心向内，则成为一种骂人的手势。

3. 竖大拇指的手势　这个手势几乎在世界公认表示好、高、妙、一切顺利、非常出色等类似的信息。但在美国和欧洲部分地区通常用来表示搭车；在德国则代表数字1；在我国拇指向上表示赞同，拇指向下表示蔑视、不好等意思。

4. 背手　背手是一种表示至高无上、自信或狂妄态度的人体信号。将手背于身后、前胸突出，这是一种胆量的显示，还可以起到一定的镇定作用。

腿脚：双腿交替抖动是为了消除内心的紧张感或压力等。脚掌敲打地面有不耐烦或紧张不安等。跺脚表示着急、埋怨或责怪等。

实际上，人体各部分的姿态动作是一个相互协调配合的整体，以上将其分成三个部分只是为了便于解释。我们在实际生活中分析破译人的体姿含义时，一定要在综合观察的基础上，再作出判断。

二、体姿含义的差异性

虽然人类的体姿含义具有共同性，但是，由于受到民族习俗和文化背景的深刻影响，某些体姿，特别是某些手势在不同国家、不同民族又可能具有不同的含义。

例如，伸出一只手，拇指和食指合成一个圆，其余三个指头伸直或略屈，在我国，伸手示数时该手势表示零或三；美国人或英国人却用它表示"OK"，即赞成、了不起的意思；在法国，这一手势表示零或没有；在泰国表示没问题、请便；在日本、缅甸、韩国表示金钱；在突尼斯表示"傻瓜"；在巴西表示侮辱男人，引诱女人。

三、体姿含义的含糊性和多意性

人的任何一种表情、姿态和动作，不论其在身体的什么部位，都能传递某些信息，表露某些情感。但这并不是说，表情、姿态、动作的含义在任何情况下都是确定的、不变的。因此，要正确领会某个体姿的含义，应该与交往对象发出的其他信息相联系。

1. 某个体姿的含义需与整个体姿表现相联系　在交谈中，倘若有一方的上身微微倾向前方。单看这一个动作，难以断定。综合这人一连串的动作，如果他刚刚改变了双臂交叉在胸前，上身后仰的姿态，而且神态从容，目光专注，那么就是感兴趣、被吸引的信号；如果他眼睛盯着其他地方，双手夹握在椅子座面的边缘，像是随时准备起立而身体向前倾，这就是已经厌烦，很想站起来离开的表示。

所以，要得到某个体姿的准确含义应与整个体姿表现相联系。当然，如果你希望自己能有效地运用体姿，也应当注意使所有的体姿信号结合为一个有机联系、和谐的整体。

2. 某个体姿的含义需与有声语言相联系　身体姿态与有声语言是密切配合、协调一致的关系，所以许多体姿的含义可以联系有声语言来断定。同样是搓手掌的动作，若说："来，咱们开始干吧！"这是工作前的"摩拳擦掌"，振奋精神；若推销员搓着手掌对经理说："咱们又搞到一笔好生意！"这是期待赞扬和奖励；在外国的饭店里，服务员来到桌前，搓搓手掌，问："先生，还想喝点什么吗？"这是期待小费的暗示。可见，同样的姿态表情，由于说的话不同，其含义也就各不相同。

在有声语言的配合下，能够更为准确地揣摩体姿信息的明确含义。

3. 某个体姿的含义需与具体情况相联系　在这里，具体情况是指一定的时间、场合、情景以及涉及的物体。如一个人坐在椅子上，双臂交叉，两腿相搭，脑袋下垂，整个身体呈收缩状态，单是这个姿态，我们很难判断是什么意思。但如果此人是坐在汽车上，寒风凛冽，这显然是因为天冷而采取的防御姿态；如果是在午夜的候车室，则可断定因为疲劳而正在打瞌睡；如果此人隔桌与人正在交谈，那他的姿态说明了对这次谈话持消极、否定的态度。

只有与具体情况相联系，才能有效地确定体姿的含义。

第二节　良好体姿的要求

知 识 链 接

抖腿的年轻人

曾经有一家中国企业和德国一家公司谈合作事宜，如果洽谈顺利，将会成功引进外资，进行新一轮的项目研究开发。在洽谈过程中，中方企业一名年轻的谈判人员一直不停地抖腿，还时不时拿笔在谈判桌上敲两下，德国公司工作人员看到此情景非常反感，便向中方人员暗示。哪知道中方负责人没有阻止该年轻工作人员的失礼行为，为其简单辩解后继续与德方谈判。就是看到了这一个小的细节，德国公司立刻宣布取消投资项目。

思考：为什么德国公司取消了与中国企业的合作事宜？如果你是中方负责人，你会如何处理这件事情？

在社会交往场合，人的举手投足要显示出应有的礼貌，"站如松，坐如钟，行如风，卧如弓"是我国古人对人体姿势的基本要求。在人的各种体姿仪态中，如站姿、坐姿、走姿、蹲姿和手势，在社交礼仪中占有较重要的地位。把握良好姿态的要领，是我们塑造美好风度形象的有效途径。

一、体姿训练内容

（一）站姿

站姿是生活静态造型的具体动作，而优美、典雅的站姿是发展人的不同质感美、动态美的起点和基础，也是其他姿势的基础，能衬托一个人美好的气质、风度、修养和品格。标准站姿的动作要领主要有：

1. 身体舒展直立，重心线穿过脊柱，落在两腿中间，足弓稍偏前处，并尽量上提。

2. 精神饱满，面带微笑，双目平视，目光柔和有神，自然亲切。

3. 脖子伸直，头向上顶，下鄂略回收。

4. 挺胸收腹，略为收臀。

5. 双肩后张下沉，两臂于裤缝两侧自然下垂，手指自然弯曲，或双手轻松自然地在体前交叉相握。

6. 两腿肌肉收紧直立，膝部放松。女性站立时，脚跟相靠，脚尖分开约45°，呈"V"型；男性站立时，双脚可略为分开，但不能超过肩宽。

7. 站累时，脚可向后撤半步，身体重心移至后脚，但上体必须保持正直。

由于日常活动的不同需要，我们也可采用其他一些站立姿势。这些姿势与标准站姿的区别，主要通过手和腿脚的动作变化体现出来。例如，女性单独在公众面前或登台亮相时，两脚呈丁字步站立，显得更加苗条、优雅。需要注意的是，这些站立姿势必须以标准站姿为基础，与具体环境相配合，才会显得美观大方。

（二）坐姿

坐姿是人在就座后一种可以维持较长时间的工作劳动姿势，也是一种主要的休息姿势，更是人们在人际交往中、娱乐中的主要身体姿势。良好的坐姿不仅有利于健康，而且能塑造沉着、稳重、文雅、端庄的个人形象，给人自然大方的美感。

1. 标准坐姿要领

（1）精神饱满，表情自然，目光平视前方或注视交谈对象。

（2）身体端正舒展，重心垂直向下或稍向前倾，腰背挺直，臀部占坐椅面的 2/3。

（3）双膝并拢或微微分开，双脚并齐。

（4）两手可自然放于腿上或椅子的扶手上。

除基本坐姿以外，由于双腿位置的改变，也可形成多种优美的坐姿，如双腿平行斜放，两脚前后相掖，或两脚呈小八字形等，都能给人舒适优雅的感觉。如要架腿，最好后于别人交叠双腿，女子一般不架腿。无论哪种坐姿，都必须保证腰背挺直，女性还要特别注意使双膝并拢。

2. 入座、离座要领

（1）不论从哪个方向入座，都应在离椅前半步远的位置立定，右脚轻向后撤半步，用小腿靠椅，以确定位置。

（2）女性着裙装入座时，应用双手将后片向前拢一下，以显得娴雅端庄。

（3）坐下时，身体重心徐徐垂直落下，臀部接触椅面要轻，避免发出声响。

（4）坐下之后，双脚并齐，双腿并拢。

知识链接

就座时的不良习惯

（1）脊背弯曲、耸肩驼背。

（2）瘫坐在椅子上或前俯后仰，摇腿跷脚，脚跨在椅子或沙发的扶手上或茶几上。

（3）上身趴在桌椅上或本人的大腿上。

（4）双脚大分叉或呈八字形，女士就座不可翘二郎腿，要把双膝靠紧。

（5）脱鞋或两鞋在地上蹭来蹭去。

（6）坐下时手中不停地摆弄东西，如：头发、戒指、手指等。

（三）走姿

行走是人的基本动作之一，是行走过程中所呈现出的姿势，最能体现出一个人的精神面貌。行走姿态的好坏可反映人的内心境界和文化素养的高下，能够展现出一个人的风度、风采和韵味从而给人留下美好印象。标准走姿的要领：

1. 走姿是站姿的延续动作，行走时，必须保持站姿中除手和脚以外的各种要领。

2. 走路使用腰力，身体重心宜稍向前倾。

3. 跨步均匀，步幅约一只脚到一只半脚。

4. 迈步时，两腿间距离要小。女性穿裙子或旗袍时要走成一条直线，使裙子或旗袍的下摆与脚的动作协调，呈现优美的韵律感；穿裤装时，宜走成两条平行的直线。

5. 出脚和落脚时，脚尖脚跟应与前进方向近乎一条直线，避免"内八字"或"外八字"。

6. 两手前后自然协调摆动，手臂与身体的夹角一般在 $10° \sim 15°$，由大臂带动小臂摆动，肘关节只可微曲。

7. 上下楼梯，应保持上体正直，脚步轻盈平稳，尽量少用眼睛看楼梯，最好不要手扶栏杆。

（四）蹲

在日常生活中，当人们需要在低处取物或捡掉在地上的东西时，一般是习惯弯腰或蹲下将其拿起，而身为办公白领对掉在地上的东西或整理自己鞋袜时，也像普通人一样采用一般随意弯腰蹲下捡起的姿势是不合适的，这时使用屈膝蹲姿较为得体。标准蹲姿要领：

1. 下蹲拾物时，应自然、得体、大方，不遮遮掩掩。

2. 下蹲时，两腿合力支撑身体，避免滑倒。

3. 下蹲时，应使头、胸、膝关节在一个角度上，使蹲姿优美。

4. 女士无论采用哪种蹲姿，都要将腿靠紧，臀部向下。

（五）手姿

手势作为肢体语言的一种，手是人体上最富灵性的器官，手是心灵的触角，是人的第二双眼睛，能很直观地表示我们的情绪和态度，对我们说话也有一定的辅助，但是一些手势有其特定的含义，使用得当才能助力。标准手姿要领：

1. 手掌自然伸直，五指伸直并拢，手心向上，肘作弯曲，腕低于肘。

2. 面带微笑，目视对方以示尊重。

3. 脚站成右丁字步，头部和上身微向前倾，双手交叉于体前。

4. 手掌不应随意摆动，给人造成假象

运用手势礼仪应注意以下问题：

1. 在交往中，手势不宜过多，动作不宜过大，切忌"指手画脚"和"手舞足蹈"。

2. 打招呼、致意、告别、欢呼、鼓掌属于手势范围，应该注意其力度大小、速度的快慢、时间的长短，不可过度。鼓掌是表示欢迎、祝贺、赞许、致谢等的礼貌举止。鼓掌的标准动作应该是用右手掌轻拍左手掌的掌心，鼓掌时不应戴手套，宜自然，切忌为掌声大而使劲鼓掌，应随自然终止。

3. 在任何情况下都不要用大拇指指自己的鼻尖和用手指指点他人。谈到自己时应用手掌轻按自己的左胸，那样会显得端庄、大方、可信。用手指指点他人的手势是不礼貌的。

4. 一般认为，掌心向上的手势有诚恳、尊重他人的含义；掌心向下的手势意味着不够坦率，缺乏诚意等。攥紧拳头暗示进攻和自卫，也表示愤怒。伸出手指来指点，是要引起他人的注意，含有教训人的意味。因此，在介绍某人、为某人引路指示方向、请人做某事时，应该掌心向上，以肘关节为轴，上身稍向前倾，以示尊敬。这种手势被认为是诚恳、恭敬、有礼貌的。

5. 有些手势在使用时应注意区域和各国不同习惯，不可以乱用。因为各地习俗迥异，相同的手势表达的意思，不仅有所不同，而且有的大相径庭。

6. 日常生活中某些不雅的行为举止会令人极为反感，严重影响交际风度和自我形象，应该十分注意避免。如当众搔头皮、掏耳朵、抠鼻孔、剔牙、咬指甲、剜眼屎、搓泥垢等，餐桌上更应注意。

课堂互动：握手礼训练。练习者两人一组，双方相距1米，相互注视对方，面带微笑，双腿立正，上身稍微前倾，伸出右手，四指并拢，拇指张开，与对方相握。

二、体姿训练的特点

体姿训练是以人体科学理论为基础，通过各种身体练习以增进健康、增强体质、塑造体形、训练仪态、陶冶情操，它是一个有目的、有计划、有组织的教育过程。

体姿训练是以培养良好形态的身体练习为主要特征的科学。其内容多为周期性的静力性活动和控制能力的练习。以严格规范的形态控制练习和舒展，优美并符合人体运动自然规律的徒手练习为其基本的运动形式。

体姿训练具有强烈的艺术感。以其丰富多彩的练习内容及形体美、舒展优美的姿态和矫健匀称的体型、集体练习中巧妙变换可以展示其强烈美感。音乐是形体训练的灵魂，根据不同风格的乐曲，选择创造出不同风格、形式的体姿训练动作，可以提高练习者的音乐素养，培养良好气质和修养。体姿素质训练和身体基本形态训练多采用旋律优美的钢琴曲伴奏。

体姿训练是各项以身体表现为主的舞蹈和运动项目的基础训练内容，也是培养现代礼仪的主要手段。

三、体姿训练的作用

1. 提高学生运动参与、身体健康、心理健康和社会适应等综合素质。

2. 教育学生树立"健康第一"和"终身体育"意识，掌握体育活动能力和科学健身方法。

3. 塑造健美的体型和优雅的姿态。

4. 培养正确的审美意识，陶冶美的情操。

5. 培养学生良好的思想作风、高尚的团队协作精神。

6. 营造校园体育文化氛围，提高学生体育文化素养。

四、体姿训练方法

1. 有氧练习　目的是为了消耗能量。一般多采用长跑、健美操形式进行锻炼。有氧练习每次必须都要坚持30分钟以上才会达到预期的训练目标。女子形体练习多采用此练习。

2. 力量练习　力量练习的目的是为了发达肌肉，一般多采用健身健美器械来进行锻炼。通过科学的力量训练来协调发达肌肉，男子形体锻炼多采用此练习。而女子则采用轻器械练习。

知 识 链 接

树立自信心的方法

1. 尽量挑前面的位子坐。

2. 学会正视别人。

3. 把走路的速度加快25%。

4. 练习当众发言、演讲。

5. 咧开嘴大笑，不要怕不雅观。

6. 怯场时，勇敢承认自己，平静。

7. 用积极的语气以消除自卑感。

第三节　基本姿态训练方法

一、站姿训练方法

（一）站姿的基本要求

1. 靠墙站立法　就是说，身体背靠着墙，让后脑勺、肩胛骨、臀部、脚后跟都能与墙面呈点的接触，这样就能体会到正确站立时身体各部位的感觉了。之后，可以每天练习，比如每天靠墙站立二十分钟，或者分时间段来练习体会站立的感觉。

2. 俯卧支撑法　这种方法还对我们练习腹肌力量很有帮助。具体来说就是，先让身体面朝下俯卧，然后用手肘和脚前掌支撑起身体，使身体除小臂、手肘部和脚前掌与地面接触外，身体的其他部位都离开地面并与地面平行，注意肩要放松，胸不要往里含，要和地面平行，腰背也是一样，要有支撑住身体的力度，保持身体平直的紧张度。这样保持一会儿，坚持不了的时候就恢复俯卧的姿势，然后不断地做三到五次。这样有助于加强我们的腰、背、腹的力量，让身体有支撑感，可以让我们在站、坐、行的时候能收腹、立腰、直背，获得支撑身体的力量和感觉，特别是平时有习惯性含胸、驼背、弯腰问题的人，更要加强这方面的训练。

（二）站姿的训练方法

1. 五点靠墙　背墙站立，脚跟、小腿、臀部、双肩和头部靠着墙壁，以训练整个身体的控制能力。

2. 双腿夹纸　站立者在两大腿间夹上一张纸，保持纸不松、不掉，以训练腿部的控制能力。

3. 头上顶书　站立者按要领站好后，在头上顶一本书，努力保持书在头上的稳定性，以训练头部的控制能力。

4. 练习者身高　相近的两人为一组，背靠背站立，尽量使后脑、肩、臀、小腿肚、脚跟均彼此紧密相贴，按上述的站姿要求进行站姿训练，每次 15 分钟。

5. 效果检测　轻松地摆动身体后，瞬间以标准站姿站立，若姿势不够标准，则应加强练习，直至无误为止。

（三）站立、交谈训练

设计一个模拟和领导、同事交谈的场景，让学生进行角色扮演，分别演示领导、店长、医药营销专业人员、客户等角色，模拟设想各种场景，让学生训练中学习言谈交流的技巧，学会怎样轻松自如地与领导交流沟通，怎样融洽友善地与同事往来相处等。

（四）站姿的禁忌

1. 禁止双脚随意乱动　人在站立时，两脚应当老实规矩，不可肆意乱动。例如，不应用脚尖乱点乱划，双脚踢来踢去，用脚去够东西、蹭痒痒，脱下鞋子把脚"解放"出来，或是半脱不脱，脚后跟踩在鞋帮上，一半在鞋里一半在鞋外。

2. 禁止双腿叉开过大　站立过久，可采用稍息的姿势，双腿可以适当叉开一些。但出于美观与文明方面的考虑，在他人面前双腿切勿叉开过大，女性尤其应当谨记。

3. 禁止表现自由散漫　站得久了，若条件许可，应坐下休息。但不应站没有站样，在站立时随意扶、倚、靠、趴、踩、跨，显得无精打采，自由散漫。

课堂互动：两人为一组，背靠背站立，要求两人脚跟、小腿、臀部、双肩、后脑勺都贴紧，每次训练坚持15～20分钟，要使身体的形态完美。

二、坐姿训练方法

正确的坐姿，一般要兼顾深浅、角度、舒展等三个方面的角度。

一是深浅　坐有深坐、浅坐之别，深坐是指坐下时臀部与座位所接触面积的多少。

二是角度　指的是坐定后上身与大腿，大腿与小腿所形成的角度，坐姿因为角度的大小而有所不同。

三要舒展　即入座前后手、腿、脚的舒张、活动程度。其舒展与否，往往与交往对象相关，可间接反应双方关系。

坐姿的训练方法：

按正确的方法与要点，在开会、打字或其他个人习惯的时间段练习，开始时每次练习15～20分钟，逐渐延长，最后让正确的坐姿成为自己的习惯姿态。

1. 就座训练　练习者保持站立的基本姿态，立于椅子前面，面带微笑，左腿退后半步（女士右手捋裙）坐下。女士一般坐椅子的2/3不可坐满椅，也不可坐1/3；坐下后，上体要端直，女子双膝并拢双手交叉于腹前或放一侧腿上。

2. 起立姿势训练　在就座姿势的基础上，练习者右脚向前移动半步，左脚蹬地起身，随即重心移至右脚，最后收回左脚，成规范的站立姿势。在整个过程中，注意重心的移动，始终保持上体端直。

3. 正身侧坐姿势训练　练习者标准坐姿，保持端直，双脚向右斜伸出内收，双足尖点地，足尖要绷紧，右脚置于左脚掌处，力求使斜放后的腿部与地面呈45°角。手的姿势不变，控制动作，双脚收回并拢，双脚垂直于地面，身体转正，然后换方向反复练习。

4. 双腿重叠就坐姿势训练　在标准坐姿的基础上，练习者右腿垂直于地面，左小腿的脚尖绷直，正前方前伸一脚，右小脚外展，右脚外侧搭在左脚的脚背上。控制此动作，然后换右腿，反复练习，到熟练掌握为止。在练习过程中手的姿势不变。

5. 入座与离座训练　入座时，应转身背对座位坐下，距座位较远时，可将右脚后退半步待腿触到座位边缘后，再轻轻坐下。离座要注意礼仪，稍稍起身，由左侧离席不要突然跳起，惊吓他人；也应注意不弄出声响，或把身边东西碰翻掉地。

坐姿交谈模拟训练：

设计一个模拟招聘现场，进行角色扮演，模拟设想各种场景，让学生训练中学习言谈交流的技巧，学会职场应聘礼仪，怎样轻松自如地与招聘人员交流沟通。

知 识 链 接

从走姿看性格

1. 走路快且双臂自然摆动的人，往往有坚定的目标，而准备积极地加以追求。习惯双手半插在口袋中，即使天气暖和也不例外，这样的人喜欢挑战而颇具神秘感。

2. 大摇大摆的走，采取这种步伐的人，虽有自信的气势，但又充满自夸和自满。

3. 疾行，是一种脚步沉重而快速的行走方式，几近于行军，但不那么正式。留给人的印象是：不骄不躁，能控制心里的焦急。

4. 步伐缓慢的走姿，这类人走路时总是一副典型的慢性子，此类人做事从不急躁，凡事"三思而后行"，绝不好高骛远。

三、走姿训练方法

（一）走姿的基本要求

1. 女性走姿

作用：女士要步履轻捷优雅，步伐适中，不快不慢，展现出温柔、矫健的阴柔之美。

速度：女士的步幅一般在 30 厘米左右，每分钟 118～120 步，可根据所穿鞋的鞋跟高度来适当调整。

要点：女士常见的走姿是"一字步"。"一字步"走姿的要领是：行走时两脚内侧在一条直线上，两膝内侧相碰，收腰提臀，肩外展，头正颈直，微收下颔。

2. 男性走姿

作用：男士要步履雄健有力，不慌不忙，展现雄姿英发、英武刚健的阳刚之美。

速度：男士的步幅一般在 50 厘米左右，每分钟 108～118 步。

要点：男士常见的走姿是"平行步"。其要领是双脚各踏出一条直线，使之平行，步伐快而不乱，与女士同行时，男士步子应与女士保持一致。

练习平衡感：

做这样的练习有助于纠正我们在走路的时候不由自主地左右晃动，或者是弯腰驼背，脊椎不直。具体的做法是，把一本书或者是一个小垫子，放在头顶上，视线落在前方4米左右的地方，手可以叉腰也可以自然下垂前后摆动，坚持走一段距离，休息一下再反复练习。

修正线条：

这一练习可以让我们走姿变得优美。在地上放一条宽5厘米左右的带子，迈出去的脚只能让脚跟内侧碰到带子，如果踩到带子上就变成外八字了，臀部还会外翘，显得没有活力。

（二）走姿训练方法

1. 行走辅助训练

（1）摆臂：人直立，保持基本站姿。在距离小腹两拳处确定一个点，两手呈半握拳状，斜前方均向此点摆动，由大臂带动小臂。

（2）展膝：保持基本站姿，左脚跟起踵，脚尖不离地面，左脚跟落下时，右脚跟同时起踵，两脚交替进行，脚跟提起的腿屈膝，另一条腿膝部内侧用力绷直。做此动作时，两膝靠拢，内侧摩擦运动。

（3）平衡：行走时，在头上放个小垫子或本子书本，用左右手轮流扶住，在能够掌握平衡之后，再放下手进行练习，注意保持物品不掉下来。通过训练，使背脊、脖子竖直，上半身不随便摇晃。

2. 分步分解动作练习

（1）保持基本站姿，双手叉腰，左腿擦地前点地，与右脚相距一个脚长，右腿直腿蹬地，髋关节迅速前移重心，成右后点地，然后换方向练习。

（2）保持基本站姿，两臂体侧自然下垂。左腿前点地时，右臂移至小腹前的指定点位置，左臂向后斜摆，右腿蹬地，重心前移成右后点地时，手臂位置不变，然后换方向练习。

3. 行走连续动作训练

（1）左腿屈膝，向上抬起，提腿向正前方迈出，脚跟先落地，经脚心、前脚掌至全脚落地，同时右脚后跟向上慢慢垫起，身体重心移向左腿。

（2）换右腿屈膝，经过与左腿膝盖内侧摩擦向上抬起，勾脚迈出，脚跟先着地，落在左脚前方，两脚间相隔一脚距离。

（3）迈左腿时，右臂在前；迈右腿时，左臂在前。

（4）将以上动作连贯运用，反复练习。

（二）持物行走训练

1. 持文件夹　正确持文件夹的姿势：头、肩、上身、两腿同行走要求。手持文件夹的边缘中部，放在前臂内侧，持物的手紧靠腰部，文件夹的上边边缘略内收。

2. 端盘　正确的端盘姿势：头、肩、上身、两腿同行走要求。双手托盘两侧 1/3 或 1/2 处，拇指在侧盘的边缘，其余四指或扇形打开拖住底部。肘关节成 90°角，双肘尽量靠近腰部。双手端盘平腰，盘距胸前方约 5cm，盘不触及上体。

（三）走姿的禁忌

商务礼仪规定，行走时下列举止均为失礼。

1. 方向不定　行走时，方向不明确，忽左忽右。

2. 瞻前顾后　行走时，左顾右盼，频繁回头注视身后。

3. 速度多变　行走时，时快时慢。

4. 声响过大　行走时，脚步走声太响，跺脚等。

5. "八"字步态　行走时，一是两脚尖向内构成内"八字"，二是两脚尖向外构成外"八字"，这样有失大雅。

知 识 链 接

南开衣镜铭

　　南开衣镜铭是南开中学在张伯苓、严修主校期间为了培养和规范学生的仪表举止而定，刻在南开中学东楼中的过道左侧的一面镜子上刻写的箴言。

内容如下：

　　面必净，发必理，衣必整，纽必结。

　　头容正，肩容平，胸容宽，背容直。

　　气象勿傲、勿暴、勿怠。

　　颜色宜和、宜静、宜庄。

四、蹲姿训练方法

（一）蹲姿的基本要求

下蹲动作平稳，操作方位准确，姿态优雅，下蹲时一脚在前，一脚在后，两腿缓缓下蹲，前脚全着地，小腿基本垂直于地面，后脚脚跟提起，脚掌着地，臀部向下。不要面对他人和背对他人蹲下，要扶裙，有遮掩。

蹲姿一般包括：高低式蹲姿、交叉式蹲姿、半蹲、半跪。

（二）蹲姿的训练方法

1. 高低式蹲姿　侧身下蹲，向后移右脚半步，呈一脚在前一脚在后，双腿靠紧向下蹲，左手整理衣裙，缓缓下蹲，挺胸收腹，调整重心，起身，收回右脚。

2. 交叉式蹲姿　下蹲时右脚在左脚后点地，左小腿垂直于地面，或交叉步下蹲，两膝交叉，右脚前脚掌着地，合力支撑身体，上体保持直立姿势。

（三）蹲姿禁忌

1. 弯腰捡拾物品　两腿叉开，臀部向后撅起，是不雅的姿态。

2. 下蹲时低头　弯背或弯上身、翘臀部，特别是女性穿短裙时，这种姿势十分不雅。

课堂互动：准备好各式椅子、凳子若干把，纸片若干和书若干，两人一组进行站、坐、走、蹲练习。

五、其他几种体姿礼仪的训练方法

个人形象在很大程度上影响着组织的发展。作为一个企业，个人形象在很大程度上影响着企业的成功或失败，这是显而易见的。只有当一个人真正意识到了个人形象与修养的重要性，才能体会到个人形象给你带来的机遇有多大，对组织发展的意义。

我们处在一个竞争的时代，我们面临的竞争正在变得越来越激烈。以前我们更多地感受到的是一个产品的竞争，而现在我们的竞争越来越转向人力资源的竞争。无论对于一个企业还是对于一个职业人士来说，提高员工或个人的素质和技能将变成企业和个人发展的一个重要的核心竞争力。

1. 点头　在没有必要行鞠躬礼，但又想向对方示意时，可用点头表示。点头时，转折点在脖子，双目应注视对方，可同时用微笑或话语向对方问好。

训练方法：两人一组互相练习，每组 15～20 次，每次多练习几组，注意保持上体正直，点头时的角度，面带微笑。

2. 垂手手势　双手指尖朝下，掌心向内，在手臂伸直后分别紧贴于两腿裤线之处；双手伸直后自然相交于小腹处，掌心向内，一只手在上一只手在下地叠放或相握在一起。双手伸直后自然相交于背后，掌心向外，两只手相握在一起。

训练方法：两人一组互相练习，每组 15～20 次，每次多练习几组，注意保持上体正直，点头时的角度，面带微笑。

3. 回头　无论是谁，若突然被人由后面叫住，会毫无防备。倘若不假思索，只将头部和视线转向对方，很容易让人误会你在瞪他。正确的姿势是，回头时让身体也稍向后侧，转向对方，以给人谦恭、友好的印象。

训练方法：几人分组训练，相互配合练习适应突然被人由后面叫住，给自己一点思考的空间。每组 15～20 次，每次多练习几组。

4. 递物　递东西给他人时，应双手将物品拿在胸前递出。递书时，应把书名向着对方，以便对方能够看清楚。若是刀剪之类的尖锐物，要把尖锐的头向着自己。递物时，不能一只手拿着物品，更不能将物品丢与对方。

训练方法：最好面对镜子练习，能看到自己的动作，动作到位，面带微笑。每组 15 ~ 20 次，每次多练习几组。

5. 接物　对他人递来的物品应重心前移，上体微曲双手接过。

训练方法：两人对练，接物时应重心前移，上体微曲掌握好重心稍前移，每组 15 ~ 20 次，每次多练习几组。

6. 招手　若碰到较亲近的朋友或同事，可用举手招呼表示问候。招手时，手的高度以在肩部上下为宜，手指自然弯曲，大臂与上体的夹角在 30°左右。

训练方法：两人一组练习，互相帮助，看着打招呼手的高度及面部表情，每组 15 ~ 20 次，每次多练习几组。

7. 握手手势　握手时，距对方约一步远，上身稍向前倾，两足立正，伸出右手，四指并拢，虎口相交，拇指张开下滑，向受礼者握手。平等而自然的握手姿态是两手的手掌都处于垂直状态。握手时双方互相注视，微笑，问候，致意，不要看第三者或显得心不在焉。一般要将时间控制在三五秒钟以内。如果要表示自己的真诚和热烈，也可较长时间握手，并上下摇晃几下。

8. 指引手势　训练基本要领：左手或右手抬高至腰部，四指并拢，拇指微张，掌心向上，为"尊敬"和"请"的敬意语态，以肘部为轴，可以右手单臂或双臂横摆式，朝一定的方向伸出手臂。当请他人坐下时，手臂伸向前左、右侧，正前方，手臂摆动幅度不要太大。

（1）横摆式：即手臂向外侧横向摆动，指尖指向被引导或指示的方向，适用于指示方向时。以右手为例：将五指伸直并拢，手心不要凹陷，手与地面呈 45 度角，手心向斜上方。腕关节微屈，腕关节要低于肘关节。动作时，手从腹前抬起，至横膈膜处，然后，以肘关节为轴向右摆动，到身体右侧稍前的地方停住。同时，双脚形成右丁字步，左手下垂，目视来宾，面带微笑。这是在门的人口处常用的谦让礼的姿势。

（2）直臂式：手臂向外侧横向摆动，指尖指向前方，手臂抬至肩高，适用于指示物品所在。当一只手拿着东西，扶着电梯门或房门，同时要做出"请"的手势时，可采用曲臂手势。以右手为例：五指伸直并拢，从身体的侧前方，向上抬起，至上臂离开身体的高度，然后以肘关节为轴，手臂由体侧向体前摆动，摆到手与身体相距 20 厘米处停止，面向右侧，目视来宾。

（3）曲臂式：手臂弯曲，由体侧向体前摆动，手臂高度在胸以下，适用于请人进门时。

（4）斜臂式：手臂由上向下斜伸摆动，适用于请人入座时。请来宾入座时，手势要斜向下方。首先用双手将椅子向后拉开，然后，一只手曲臂由前抬起，再以肘关节为轴，前臂由上向下摆动，使手臂向下成一斜线，并微笑点头示意来宾。

知识链接

面对客户异议的处理方法

（1）确认对方的抗拒（耐心倾听、表达同理心）

（2）对待异议和抗拒表示理解和认可

（3）通过故事案例解除客户的异议

（4）永远不要与客户争辩

（5）采用合一架构处理

（6）永远不要在异议开始时就妥协

（7）不要轻易许诺，除非得到某种承诺

（8）如果退让不可避免，则小步退让

（9）通过告诉他不能得到什么，来修正对方的目标

（10）挖掘对方需求；再次塑造产品和服务的价值

9. **"V" 型手势**　食指和中指上伸呈"V"型，拇指弯曲压于无名指和小指上，这个动作有"二"和"胜利"的含义。表示"胜利"时，掌心一定要向外，否则就有贬低和侮辱人的意思。

训练方法：两人一组练习，互相帮助，看着手的掌心的方向，每组 15～20 次，每次多练习几组。

10. **请的手势**　在标准站姿基础上，将手从体侧提至小腹前，优雅地划向指示方向，这时应五指并拢，掌心向上，大臂与上体的夹角在30°左右，手肘的夹角在90°～120°之间，以亲切柔和的目光注视客人，并说些适宜的话语。

训练方法：两人一组练习，注意手从体侧提至小腹前到指示方向时的动作弧度，掌心朝着的方向，手臂间的距离，每组 15～20 次，每次多练习几组。

11. **鼓掌**　鼓掌礼一般表示欢迎、祝贺、赞同、致谢等意。鼓掌时，一般将左手抬至胸前，掌心向上，四指并拢，虎口张开，用右手去拍打左手发出声响，两手的肘关节不能高于手。

训练方法：两人一组练习，互相帮助，看着手的手掌的高度，每组 15～20 次，每次多练习几组。

12. 赞同、赞许手势语言　伸出右手，翘起拇指，指尖向上，指腹面向被称道者。但在交谈时，不应将右手拇指竖起来反向指向其他人。

六、舞蹈基础素质训练方法

（一）舞蹈基础

舞蹈基础训练中最为基本的训练内容，分别为压腿、压肩、后踢腿。

1. 压腿　压腿练习有助于打开学生腿部关节的韧带。压腿时要注意腿部关节的直立，脚背向外打开绷直，并保持上半身的直立。向下压至上半身和腿部之间没有缝隙。个别学生韧带太紧，在压腿的过程中不要苛求一定要压下去，保持正确的姿态，日积月累就可以拉长韧带，达到要求。特别注意的是胯部要端正。压旁腿和后腿的时候学生最容易出胯和斜胯，需要及时矫正。在压旁腿时，同侧的手扶住把杆，另一只手臂紧贴在耳边，向腿上靠近并尽量向远处伸展，拉长旁腰。压后腿时，注意肩膀端平，颈部不要缩，撑住头部别掉下去，并向后伸展。

伴奏带，选用节奏感比较强的音乐

（1）正压腿练习：压腿前首先要把胯部放正，不要把胯抬的太高，在这个基础上上半身要平平的压下去，用小腹去贴大腿，两肩放平。（易出错：初学者很容易忽略腹部，将头部放到腿上）

（2）侧压腿练习：在练习旁腿的时候大腿和胯部要成为一个平面，尽量用自己的肩膀后背贴住自己的所压的那条腿，另一侧手臂伸长通过头部后侧抓住脚踝。（易出错：很多学习者在压旁腿的时候容易压的和正腿似像非像，这就导致最后压出的腿不正的原因）

（3）后压退练习：在有适合自己身高的杆子的地方。先侧身把后面的腿架在杆子上腿伸直，另一条腿也伸直，身子尽量挺直（手握在离身体6、7厘米），然后有节奏地下蹲（要保持身形）蹲到不能蹲为止。

2. 压肩　打开肩部韧带的练习。压肩时，双手臂伸直放在把杆上。两腿之间的距离略等于肩宽。头部和脊柱都要放松，向下压时能够感觉到肩部韧带被拉长。

伴奏带：中速，节奏舒缓2/4。

3. 后踢腿　双手扶把杆小八字部站好，膝盖都要绷直，头抬起来平视前方。在后踢腿的过程中，上半身保持不动，不要侧身回头，胯不能松，脚背和膝盖都要绷直。切忌身体前倾。如果在反复强调，学生还是做不到位的情况下，可以先单一的练习控后腿即双手扶把杆，把一条腿向后抬起来，纠正学生的姿态，然后再过度到后踢腿。

（二）美体操

1. 组合长度　共18个八拍。

2. 音乐节拍及速度　3/4中速（动作每一拍为音乐1小节）。

3. 预备姿势　自然站立。

第一个八拍：1 拍两臂呈弧形前举。2 拍两臂打开至侧举（保持弧形）。3 拍右脚向左前方脚尖点地，左腿半蹲，同时左臂上举，上体稍向右扭身，挺胸抬头，眼看右前方。4 拍右脚收回，还原成预备姿势。5～8 拍同 1～4 拍，方向相反。

第二个八拍：同第一个八拍。

第三个八拍：1 拍左臂向右上方波浪摆动 1 次，眼看左手。2 拍同 1 拍，换右臂做，方向相反。3 拍左臂向内绕环 1 周至左侧下方，掌心向上，头随臂转动。4 拍左臂转时向左侧摆动侧波浪 1 次，眼看左手。5～8 拍同 1～4 拍，方向相反。

第四个八拍：1 拍左脚向左前方一步，脚尖点地，右腿半蹲向前移重心，左腿半蹲，同时两臂弧形前举，掌心相对。2 拍重心移至左腿，两腿伸直右脚尖后点地，同时左臂侧举，右臂上举，手臂成弧形，眼看右前方。3 拍重心后移至右腿，左脚尖前点地，同时右臂经前向下绕至侧举。4 拍左脚收回成自然站立。5～8 拍同 1～4 拍，方向相反。

第五个八拍：1～2 拍左臂向侧波浪 2 次，眼看左手。3～4 拍同 1～2 拍，换右臂做。5 拍左脚向前一大步并屈膝成弓步，同时两臂经侧向前至两手腕交叉，掌心向上。6～7 拍转腕掌心向下，两臂由前向侧在移动中连续做 3 次小波浪，同时重心后移至右脚。8 拍左脚收回成站立。同时两臂做一次小波浪柔软的落下。

第六个八拍：同第五个八拍，换右脚向前。

第七个八拍：1 拍左脚向左前方一步，同时左臂斜向上举，掌心向上，右臂斜后下举，抬头挺胸，眼看左手。2 拍右腿并于左腿屈膝弹动 1 次，上体经含胸低头至直立，同时左臂转肘向左上方做中绕环波浪 1 次，柔软地落下于体侧，眼看左手。3～4 拍同 1～2 拍，方向相反。5 拍左脚向前一步，同时两臂斜向上举，掌心向上，抬头，眼看前上方。6 拍右腿并于左腿屈膝弹动 1 次，上体经抬胸挺头，依次弯曲至前屈含胸低头，再依次伸展至直立，同时两臂转肘向斜上方做中绕环波浪 1 次。7～8 拍向后足尖碎步移动 4～5 步，同时两臂向侧波浪 1 次，还原成直立。

第八个八拍：同第七个八拍。

第九个八拍：1 拍身体向左侧做波浪 1 次，同时两臂在左侧做 1 次小波浪，眼看左侧上方。2 拍同 1 拍，方向相反。3 拍左脚向左侧一步，脚尖点地，在向左移重心的过程中身体向左侧做波浪，同时两臂由右经下摆至左侧上举（左臂稍高），眼看左手。4 拍两臂小波浪 1 次，上体向右侧屈，抬头看左手。5～8 拍同 1～4，方向相反。

第十个八拍：同第九个八拍。

第十一个八拍：1 拍左脚向侧华尔兹步，两臂侧举水平摆动，上体随之向左转动，挺胸抬头，眼看前方。2 拍同 1 拍，方向相反。3 拍左脚向左前一步，右脚并左脚，同时两臂经侧绕至上举，上体前屈。4 拍身体向前波浪，同时两臂经下向后绕至上举，成起踵站立。5～6拍右脚向前一步,左脚并右脚,身体向后波浪,同时两臂向后绕至体前下方。7拍身体向前波浪,同时两臂经下向后绕至上举,成起踵站立。8拍向右转45度,同时两臂向侧波浪1次。

第十二个八拍:同第十一个八拍,方向相反。

第十三个八拍:1拍屈膝弹动1次,同时右臂向内绕环1周,左臂侧举,头随右臂转动。2拍屈膝弹动1次,身体向右侧波浪,同时右臂转肘向右侧波浪摆至侧上举,眼看右手。3～4拍同1～2,方向相反。5拍右脚向右侧一步,左脚侧点地,身体左侧屈,同时右臂由右经前下向左绕至上举,左臂侧举,眼看左手。6拍左脚向右前交叉一步,身体右侧屈,同时右臂摆至体侧,掌心向上,左臂侧上举。7拍右脚向右侧一步,身体向右侧波浪,同时右臂向右侧弧形摆至侧上举,眼看右手。8拍右脚向左脚靠拢,两臂向侧小波浪1次。

第十四个八拍:同第十三个八拍,方向相反。

第十五个八拍:1～3拍左脚向左侧一步,右脚并左脚,左臂侧后上举,同时右臂做体前向内水平绕环接头上水平大绕环,身体向左螺旋波浪,头随右臂转动。4拍右臂侧上举,左臂侧举,身体向左侧屈,同时两臂做一次小波浪,眼看右手。5～8拍同1～4拍,方向相反。

第十六个八拍:同第十五个八拍。

第十七个八拍:1拍左脚向左侧一步半蹲,右腿向左,右脚尖在左前方点地,同时两臂摆至左前下方,上体左侧屈,眼看双手。2拍右脚收至左脚前提踵立,向右足尖碎步移动4～5步,同时右臂经左侧绕至上举,左臂侧举,眼看右手。3～6拍原地向右足尖碎步转体360°(每拍两步转90°),同时两臂依次向下、上摆动波浪4次(右、左、右、左)。7～8拍原地足尖碎步,同时两臂侧举做上、下小波浪2次。

第十八个八拍:同第十七个八拍,方向相反。8拍还原成预备姿势。

七、常见不良形体姿态的矫正

1. 矫正驼背　是很多人都关注的话题,尤其是青少年驼背越来越严重,要知道驼背是非常难看的,让身高都会显矮,那么接下来就介绍几种方法纠正驼背。

第一种方法:靠墙站,尤其是吃完饭要站半个小时,这样不仅有利于矫正驼背,还有利于减少腹部赘肉,很多明星就经常这样做。但一定要坚持。

第二种方法:练形体瑜伽,可以下载一个练瑜伽的软件或者去健身房或者看视频练瑜伽都可以,这个方法最适合女性。

第三种方法:经常运动,比如打球,羽毛球、篮球都可以,运动的人是很少人驼背的。

第四种方法：经常做操，做扩胸运动，练背部肌肉，背部肌肉发达了，就会有一种张力，有利于矫正驼背。

第五种方法：就是一定要注意平时的站姿和坐姿，要时刻提醒自己不要驼背，做到了这个形体就会慢慢改正。

第六种方法：是用矫正驼背的仪器，如背背佳。

2. O型腿　又称"罗圈腿"，是指膝关节外翻，双脚踝部并拢，双膝不能靠拢，并形成"O"字形，是儿童期骨骼发育畸形造成的。其主要原因是幼儿时期站立过早，行走时间过长，缺乏营养和锻炼，导致大小腿内外两侧肌群及韧带的收缩力量与伸展力量发展不平衡。有些人天生腿型不美观，影响自己挑选衣服时的选择和心情，O型腿的女生放弃了穿铅笔裤、短裤、短裙等。下面介绍几个能改善腿型的小方法，但需要长时间坚持。

第一种方法：直立，双脚并拢，两手扶膝做双膝向正前方的下蹲起立运动，如此反复20~30次为一个组。

第二种方法：端坐在椅子上，双脚并拢，夹紧两腿，可以在两腿间放一本书，尽力用小腿夹住书本。如果想要短时间见效，就用布带或者其它绑住小腿。

第三种方法：平躺在地面上，双脚的脚尖并拢，然后慢慢抬起并拢的双脚与身体成90°。然后将腿下垂至45°，保持25秒左右，然后回到90°位置，如此反复，5次为一组。

第四种方法：站立，两脚分开与肩同宽或再稍宽一些，两手扶膝做向内环绕的动作，这样可以锻炼到小腿肌肉，改善腿型。

第五种方法：双手叉腰，两脚分开与肩同宽，脚尖略向外，吸气时两腿靠拢做深蹲动作并保持一点时间，呼气时慢慢打开双膝，恢复直立站姿。如此反复10次为1组，可以锻炼到小腿肌肉，对改善腿型有效。

第六种方法：杠铃夹腿深蹲。肩负中等重量的杠铃，两腿分开与肩同宽，慢慢下蹲至全蹲（膝角小于90°），然后快速夹腿直立，反复练习。

第七种方法：提踵转脚。两脚开立，先以脚跟为轴，做脚尖外展、内收动作，作8~16次，然后以脚尖为轴，做脚跟的外展、内收动作。两脚始终并拢。

第八种方法：夹球蹲跳。练习者站姿，两脚踝内侧夹一排球，两膝内侧夹紧，两脚跟提起，半蹲，两手扶在两膝上做向前连续蹲跳，20~30次为1组，作2~3组。

第九种方法：正确的坐姿。腿型不美观，大都是后天的因素，所以要在平时注意自己的坐姿，不要跷二郎腿，不要盘坐等。腿型不好的人最好坐的端正，两脚并拢，夹紧双腿。

3. "X"形腿矫正练习　"X"形腿与"O"形腿的形成原因基本相似。它是股骨内收、内旋和胫骨外展、外旋形成的一种骨关节异常及腿部形态异常的现象。特征是：站立时两膝并拢，两脚不能并拢，形成 X 形。"X"形腿的矫正，一定要持之以恒，才会有效果。主要的训练方法：

第一种方法：盘坐压腿练习　练习者坐于垫上，上体保持直立，左腿向前伸直，右腿屈膝外展，右脚放于左脚的膝关节处，左手扶右踝部，右手扶右膝内侧。右手掌向下用力，将右膝向下压，至最大限度，控制 15～20 秒，然后慢慢放开还原。再换右腿重复练习。

第二种方法：直腿夹物　坐在椅子上，两臂后撑，上体挺立，两踝关节处夹紧一件软物，开始时物体尽量厚实，膝关节并拢，脚跟着地。用脚带动腿做最大限度前伸，控制 4～5 秒，然后放松，反复练习。

复习思考

1. 与人交往中，不恰当的举止有（　　　）

　A. 架起"二郎腿"　　　　　　　　　B. 斜视对方

　C. 以食指点指对方　　　　　　　　D. 头部仰靠在椅背上

2. 以下说法正确的是（　　　）

　A. 女性不能采用跷二郎腿的姿势就坐

　B. 如果下属不听你的话，就要严厉地斥责他，以让他有所畏惧

　C. 社交场合不问身体健康与否问题

　D. 商务场合女性适宜穿黑色皮裙

3. 对女士手部的具体要求有四点：清洁、不使用醒目甲彩、不蓄长指甲和（　　　）

　A. 腋毛不外现　　　　　　　　　　B. 不干燥

　C. 不佩戴繁琐的首饰　　　　　　　D. 以上都不是

4. 在男女之间的握手中，伸手的先后顺序也十分重要，在一般情况下应该是（　　　）

　A. 女方应先伸手去握，这样显得自己的落落大方，也不会让男方觉得难堪

　B. 男方应先伸手去握，这样会显得自己绅士风度，也避免女方不好意思去握

　C. 男女双方谁先伸手都可以

5. 递送物品时，服务人员应该注意（　　　）

　A. 双手为宜　　　　　　　　　　　B. 递于手中

　C. 主动上前　　　　　　　　　　　D. 方便接拿

6. 正确的走姿是（　　　），两眼平视，面带微笑，自然摆臂。

　A. 轻而稳　　　　　　　　　　　　B. 胸要挺

　C. 头要抬　　　　　　　　　　　　D. 肩放松

7. 走姿、行礼等姿态是以下列哪项为基础（　　　）

    A. 站姿　　　　　　　　　　　　　B. 坐姿

    C. 跑姿　　　　　　　　　　　　　D. 手姿

    E. 蹲姿

8. 以下哪项是符合礼仪标准的站姿（　　　）

    A. 双腿叉开过大　　　　　　　　　B. 双脚动作过多

    C. 身体扭来扭去　　　　　　　　　D. 依靠在桌子上

    E. 双脚并拢，双手自然垂放身体两侧

9. 面部表情的核心是（　　　）

    A. 额头　　　　　　　　　　　　　B. 耳朵

    C. 鼻子　　　　　　　　　　　　　D. 嘴唇

    E. 目光

10. 作为医院的导诊护士，在接待患者时应采用（　　　）

    A. 微笑　　　　　　　　　　　　　B. 暗笑

    C. 大笑　　　　　　　　　　　　　D. 窃笑

    E. 讥笑